ŒUVRES POLITIQUES DE M. LE COMTE DE HERTZBERG.

TOME III.

ŒUVRES POLITIQUES

DE M. LE COMTE

DE HERTZBERG,

MINISTRE DE S. M. LE ROI DE PRUSSE,

PRÉCÉDÉES

D'une Notice sur sa personne & sur les emplois qu'il a successivement remplis.

TOME III.

A BERLIN,

ET SE TROUVE A PARIS,

Chez MARADAN, Libraire, rue du Cimetière André-des-Arts, n°. 9.

AN IIIe. (1795)

Sacræ Regiæ Majeſtatis Boruſſicæ Declaratio contra hoſtilem Ruſſorum invaſionem in provincias ditioneſque ſuas. 1757.

NEMINEM fugere poteſt, Sacram Boruſſiæ Regis Majeſtatem, à primordiis inde Regni ſui, nihil magis in votis habuiſſe, nullamque magis operam navaſſe, quam ut tranſmiſſam ſibi à majoribus amicitiam Aulæ Imperalis Ruſſicæ ſibi quoque devinciret & per omnia officiorum genera excoleret. Contigit quoque illi, per complures annos arctiſſimis amicitiæ cum Imperatrice Ruſſorum jamdum regnante vinculis conjungi, donec pernotæ illæ invidæ Aulæ, artibus ſuis clandeſtinis, eo rem perducerent, ut divulſis exoptatiſſimis hiſce Unionis vinculis, Legati ab utraque parte avocarentur, & omne commercium inter Berolinenſem & Petropolitanam Aulam tolleretur.

Uti Sacra Boruſſiæ Regis Majeſtas hocce fatum ægerrime tulit, ita ab illo exinde tempore ſummo ſtudio eo allaboravit, ne aliquid porro accideret, quod vulnus hoc exacerbare, animumque Imperatricis à reconciliatione adhuc alieniorem reddere poſſet. Exortis quoque infelicibus illis belli flammis, quæ impræsentiarum Germaniam conflagrant, omnem lapidem movit, ne ulla ratione cum Russica Aula collideretur, licet non leves de ea querendi causas haberet & cuilibet notum sit, Aulam Viennensem eo pervenisse, ut ipsa Russicam fœdifragis suis conatibus contra Borussiæ Regem innodare, & ea tanquam Instrumento impotentis suæ ambitionis pro lubitu & pro re nata uti posset.

Universæ jam Europæ ex documentis omni exceptione majoribus perspicuum est, Aulam Viennensem & Saxonicam Borussica arma injustis suis æque ac periculosis conatibus provocasse. Satis superque docuit Sacra Borussiæ Regis Majestas, arma hæc se non nisi pro sui suorumque defensione cepisse: at declaravit eadem repetitis vicibus paratissimum arma ponendi animum, dummodo securitati suæ consuleretur. Detectæ quoque & in aprico positæ sunt perniciosissimæ illæ artes, quibus Viennensis Aula usa est, ut Russicam in talia pertraheret consilia, quæ ab excelsa Imperatricis indole valde aliena sunt, quæque illa sine dubio execratura esset, si veritati ad eam aditus pateret. Summo itaque jure, Imperatrix præsenti bello abstinere potuisset, nec fœdus adimplere opus habuisset, quo Viennensis Aula ad injustos suos fines assequendos abutitur. Imo Majestas Sua Regia Borussica hujuscemodi media Imperatrici proposuit, quibus ignem belli uno momento sine ulla ulteriori sanguinis effusione extinguere & immortalem majoremque regno suo gloriam conciliare potuisset, quam ab armis ei unquam sperare licet.

Verum videt jamdum Sacra Majestas Borussiæ magno cum dolore, artes inimicorum tandem superasse & incassum cecidisse omnem qua usa est moderationem, omniaque studia, quæ pro conservanda cum Russico Imperio pace impendit. Videt impræsentiarum, Russicam Aulam sine necessitate & sine ulla accepta injuria, bello se immiscere, cujus culpa unice penes Viennensem Aulam est, & neglectis omnibus amicitiæ, viciniæ & fœderum secum initorum rationibus, copias suas per Territorium vicini Status neutri parti addicti, invito eo & contra tenorem pactorum publicorum hujusmodi transitum prohibentium mittere, ut in provincias Borussicas hostilem impetum faciant.

Nihil ergo Sacratissimæ Borussiæ Regis Majestati superest, quam ut justam sui suorumque defensionem suscipiat, omnesque à summo Numine acceptas vires impendat, ad tuendos ſubditos ſuos, & ad propulſandam vim injuſtam, quæ ſibi imminet.

Regia ſua Majeſtas Boruſſica durante hoc infauſto bello, nunquam leges belli inter gentes moratiores receptas negliget, juxta ac hactenus Miles Boruſſicus in Saxonia ſeveriſſimam diſciplinam obſervavit. Si vero contra ſpem meliorem, copiæ Ruſſicæ ad crudelitatem inuſitataſque violentias in ditionibus Boruſſicis progrederentur, eo caſu Regia ſua Majeſtas non poſſet, quin, licet invita, parem vicem ditionibus ſubditiſque Saxonicis reddat, eademque mala eis infligat, quæ ſuis forſan inferri poſſent.

Argumenta illa, quæ Ruſſica Aula in medium profert ad excuſandam hoſtilem ſuam aggreſſionem, brevi temporis ſpatio elidentur, & quod reliquum eſt, Sacra Boruſſiæ Regis Majeſtas, quæ in moderamine inculpatæ tutelæ verſatur, omnem ſpem fiduciamque ſuam in juſtitia cauſæ ſuæ collocat, nec dubitat, quin ſummum Numen juſtiſſimis ſuis armis proſperos ſucceſſus impertiri & ſibi opem auxiliumque adferre velit, ad perfringendos hoſtium injuſtos conatus, ſubditoſque ſuos tuendos.

Traduction du Mémoire que le Baron de Plotho, Ministre Plénipotentiaire de Sa Majesté le Roi de Prusse à la Diète de l'Empire, y a présenté le 30 Avril 1757.

Il n'est sans doute pas nécessaire d'apprendre à l'illustre Assemblée de l'Empire l'invasion inopinée que des troupes étrangères viennent de faire dans les Pays de Clèves, de Meurs & de Marck. Toute l'Allemagne sait déjà qu'une armée Françoise, commandée par le Prince de Rohan-Soubise, étant entrée dans ces Etats du Roi, qui font partie du Cercle de Westphalie, s'y est subitement emparée des Places les plus considérables, y a exigé des livraisons de fourrages exorbitantes, & qui passent toutes sortes de contributions; qu'on a saisi les revenus & les caisses du Pays; qu'on a fait arracher les armes de Sa Majesté des endroits où elles étoient attachées, en y substituant d'autres; que par-tout, en un mot, on a agi, dans ces contrées, comme en pays ennemi, & même déclaré publiquement qu'on les regardoit comme des Provinces conquises. Un procédé aussi étrange a dû surprendre d'autant plus le Roi & toute l'Europe, que Sa Majesté, ainsi que l'Empire, n'est point en guerre avec la France, & que cette Cour vient cependant de faire, en Allemagne, une invasion directement opposée au droit des gens, sans instruire le public des motifs qui l'ont portée à une démarche aussi extraordinaire. Si la déclaration que le Ministre de cette Puissance a présentée le 14 mars, à la Diète, a dû servir d'exposé de ses raisons, il est aisé de montrer que ni la qualité de garant de la paix de Westphalie, ni celle d'Alliée de l'Impératrice Reine, ne peuvent autoriser la France aux violences qu'elle vient de commettre.

Le Roi a déjà fait voir suffisamment, dans le Mémoire publié à Ratisbonne le 27 avril, que l'entrée de son armée en Saxe, ayant été indispensablement nécessaire pour sa sûreté & pour sa défense, ne sauroit jamais être appelée une infraction de la paix de Westphalie. Sa Majesté a de plus déclaré souvent, de la manière la plus solemnelle, qu'elle restitueroit tous les Etats de la Saxe, sans exception, dès qu'elle auroit des sûretés suffisantes pour ses propres Etats, & en particulier pour les Duchés de Magdebourg & de Silésie, que les Cours de Vienne & de Dresde ont voulu lui enlever. On a fait voir aussi, dans le même Mémoire, que c'est le Roi que la France est naturellement obligée d'assister, puisque, par les Traités de Westphalie & d'Aix-la-Chapelle, elle a solemnellement garanti à Sa Majesté le Duché de Magdebourg, cédé pour toujours à la Maison de Brandebourg, à titre d'indemnisation, & la Silésie assurée au Roi par les Traités de Breslau & de Dresde.

La violence inouie que la France exerce à présent, est donc entièrement contraire à sa qualité de garant de la Paix de Westphalie & des libertés Germaniques. L'impartialité requise dans un tel garant, les gradations à observer, selon l'article 17, §. 5 & 6 de la susdite Paix, les égards que les Souverains se doivent mutuellement, les explications préalables sur les mésentendus qui ont pu naître entre les deux Cours, tout a été mis entièrement de côté, pour envahir subitement les Etats que le Roi possède en Westphalie. La Saxe, occupée par les troupes Prussiennes, dans les troubles présens, ne sauroit fournir de prétexte valable à la France, puisque l'on a fait voir, par les preuves les plus authentiques, que c'est la conduite de la Cour de Dresde même, & le dessein qu'elle a eu de faire exécuter le Traité de partage de 1745, qui a forcé Sa Majesté de prendre, malgré elle, les armes pour la défense des Etats qu'on lui vouloit enlever, & qui lui avoient été assurés par les Traités de Westphalie & de Dresde. On en appelle au jugement du public impartial, & l'on est persuadé qu'il reconnoîtra que la gloire & la sûreté de Sa Majesté l'obligeoient indispensablement de prendre au plutôt les mesures les plus propres à dissiper les complots de ses ennemis.

La Cour de Dresde seroit-elle en droit de réclamer la garantie d'une Paix qu'elle a si ouvertement enfreinte? Peut-on réclamer l'assistance de Loix qu'on est le premier à violer? La conduite que cette Cour a tenue est directement contraire à la teneur expresse de l'article 17, §. 4 du Traité de Westphalie. Puisqu'elle a donc agi contre ce Traité, puisque, dans le dessein d'acquérir le Duché de Magdebourg, elle a voulu faire revivre le Traité de partage de 1745, c'est elle qui est la première cause des troubles dont elle se plaint, & qui a encouru la peine portée contre les infracteurs de la Paix. C'eſt donc à tort qu'elle réclame l'aſſiſtance de l'Empire & celle des garants de la Paix de Weſtphalie, & qu'elle cherche, par toutes ſortes de moyens, à paroître opprimée, & à exciter, dans l'Europe, une compaſſion qui ne lui eſt point due. Que cette Cour ne s'en prenne qu'à elle-même, ſi le Roi a été obligé de recourir à des meſures forcées, pour empêcher que ſes ennemis ne ſe ſerviſſent de la Saxe à ſon préjudice, & que la Cour de Dreſde, en favoriſant de toute manière leurs intentions, n'exposât de nouveau les Etats de Sa Majeſté au danger le plus éminent. La Saxe, au reſte, eſt traitée avec toute la douceur poſſible, dans ces ſortes de cas, & non en pays ennemi. Les charges n'y ſont point augmentées : le commerce & la juſtice continuent d'y avoir leur cours. Elle n'a point le ſort des pays de Clèves & de Gueldres; elle n'eſt point regardée comme une Province conquiſe. Sa Majeſté a fait déclarer au contraire, & elle le fait encore à préſent, qu'elle reſtituera la Saxe, dès qu'elle aura les ſûretés qu'elle demande.

La France, ne pouvant donc agir contre le Roi, en qualité de garant de la Paix de

Westphalie, Sa Majesté a lieu de s'attendre à l'assistance de l'Empire contre cette Puissance. C'en est fait des constitutions de cet Empire, des libertés & de la sûreté de ses membres, si l'on souffre qu'une Puissance étrangère se serve de la Paix de Westphalie, comme d'un prétexte pour entrer, à main armée, en Allemagne, lorsqu'il lui plaît, ou lorsque les insinuations de ses Alliés l'y engagent. Des Etats moins puissans que le Roi, pour repousser les violences qu'on pourroit leur faire, trouveroient-ils, en particulier, leur intérêt à des principes qui autoriseroient la France aux démarches les plus contraires au Traité de Westphalie, & à la garantie de ce Traité ? Tout Etat de l'Empire, qui a sa gloire & sa liberté à cœur, disconviendra-t-il que l'invasion des Etats de Sa Majesté, de quelque prétexte qu'on la colore, est l'infraction la plus manifeste du Traité conclu entre la France & l'Empire, le 28 novembre 1738 ?

Ce n'est pas non plus en qualité de troupes auxiliaires de l'Impératrice Reine que l'armée Françoise a été en droit d'agir comme elle a fait. On ignore les raisons qui ont pu engager la France à contracter avec la Cour de Vienne des engagemens contraires aux anciens Traités qui ſubſiſtent entr'elle & Sa Majeſté. Il ſuffit de jeter les yeux ſur l'article 22 de la Paix d'Aix, pour ſe convaincre que la France a garanti la Siléſie & la Comté de Glatz au Roi. Ce Traité a encore aujourd'hui toute ſa vigueur, & il eſt, ſans contredit, antérieur aux engagemens particuliers que cette Puiſſance peut avoir contractés avec la Cour de Vienne. N'eſt-ce donc pas agir ouvertement contre le droit des gens, que d'aſſiſter, au mépris des garanties les plus ſolemnelles, les ennemis du Roi, dans l'exécution des projets pernicieux qu'ils ont formés, pour arracher à Sa Majeſté des Etats que la France même & tout l'Empire lui ont garantis à différentes repriſes? On ne ſauroit certainement concilier une telle aſſiſtance avec la double garantie à laquelle cette Couronne s'eſt engagée. Que le public impartial juge enfin ſi c'eſt demeurer dans les bornes d'une aſſiſtance ordinaire, que de faire, avec une armée Françoiſe, & uniquement commandée par des Généraux François, la conquête de pluſieurs Provinces conſidérables d'Allemagne. Une telle démarche, en fixant l'attention de toute l'Europe, peut-elle être, en particulier, indifférente à l'Empire, qui voit les Traités les plus ſolemnels ouvertement violés, & des Provinces entières envahies, sans que les auteurs de ces violences daignent donner la moindre raison d'une conduite aussi étrange? Il semble qu'on veuille ensevelir tout d'un coup, avec les Loix fondamentales de l'Empire, tous les usages, & tout ce qu'il y a eu jusqu'à présent de plus sacré parmi les Nations.

La France ne seroit pas même en droit d'agir, comme elle fait, quand les Traités qu'on a allégués ne subsisteroient point. Mais si elle veut cependant faire marcher ses troupes contre le Roi, en qualité d'Alliée de l'Impératrice Reine & de la Cour de Dresde si étroitement unie avec cette Princesse, elle se met par là ho[illegible]'état d'agir, à titre de garant de la Paix de [illegible]phalie. On ne s'arrêtera pas ici à faire ob[illegible]ver ce que cette Puissance pourroit entreprendre dans l'Empire, avec la qualité qu'elle se donne & les violences qu'on lui voit commettre. Il suffit de remarquer que, sans parler de ce que le droit des gens & la coutume prescrivent, il est évident qu'un garant doit être, avant toute chose, neutre & impartial, & sur-tout ne pas assister un parti plutôt que l'autre, avant que d'avoir préalablement mis en usage les explications amicales qui auroient été néceſſaires. Etre partial, c'eſt renoncer à la qualité de garant : & tout Etat bien intentionné de l'Empire, ne pourra jamais reconnoître pour garant de la Paix de Weſtphalie une Puiſſance qui exerce, contre la teneur de ce Traité, les violences les plus inouies, n'obſerve aucune des gradations que le même Traité ordonne d'obſerver, & met, en un mot, tout égard & toute modération entièrement de côté.

Qu'on juge de ce que l'Empire a à attendre d'une irruption auſſi violente & auſſi arbitraire de troupes étrangères, que celle dont on ſe plaint ici. Qu'on compare une démarche auſſi digne d'attention, avee les proteſtations d'amitié que la France a ſi ſouvent données à l'Empire, & avec le Traité de 1738. On laiſſe à la pénétration & aux réflexions de chacun à juger des vues particulières, qui peuvent être cachées ſous la nouvelle union de la France & de la Maiſon d'Autriche, & à conſidérer ſi cette ſupériorité de Puiſſance eſt propre à maintenir l'équilibre entre les trois Religions tolérées de l'Empire, ou ſi les droits & les libertés de cet Empire ne ſe trouvent pas plutôt à préſent dans le plus grand danger.

Sa Majeſté a donc lieu d'eſpérer que l'Empire sera bien éloigné d'approuver l'irruption que des troupes étrangères viennent de faire dans ses Etats de Westphalie. Les Constitutions de l'Empire improuvent souverainement de telles invasions, & fournissent des moyens suffisans pour les prévenir, ou pour les arrêter, lorsqu'elles sont déjà faites : & la Capitulation de l'Empereur établit aussi, pour cet effet, les mesures les plus efficaces.

Le Pays de Clèves, de Meurs & de Marck, gémissant déjà sous le joug d'une domination étrangère, & y ayant, à leur égard, péril dans le délai, le Roi espère que tous les Etats de l'Empire voudront bien considérer le danger auquel leurs droits & leurs libertés, & même toute l'Allemagne en général, sont exposés, & ne refuseront pas à Sa Majesté la garantie & l'assistance que les Constitutions de l'Empire établissent en faveur des Etats qu'on attaque injustement ; mais qu'ils prendront les mesures les plus propres pour engager la France à évacuer, sans délai, les Provinces de Sa Majesté qu'elle a envahies ; à y remettre tout sur l'ancien pied ; à restituer ce qu'elle en a tiré, & à réparer, en un mot, tout le dommage qu'elle y a causé : & que ces mêmes Etats voudront bien procurer en même tems à Sa Majeſté des ſûretés ſuffiſantes, pour l'avenir, contre de pareilles invaſions.

Le Roi s'attend d'autant plus à l'aſſiſtance qu'il requiert, qu'on ne demande à la France que ce que, ſelon le droit de la nature & celui des gens, elle ne peut refuſer, ſans agir en ennemie de l'Empire, & que pluſieurs des Electeurs & des Princes les plus conſidérables ont déjà propoſé à la Délibération du 10 janvier de cette année, de détourner l'entrée des troupes étrangères en Allemagne, & de préſerver ainſi celle-ci des maux qui en ſeroient la ſuite. Sa Majeſté reconnoîtra, au reſte, de ſon côté, en toute occaſion, par la réciprocité la plus parfaite, cette marque que les Etats de l'Empire voudront bien lui donner de leurs bonnes intentions & de leur zèle pour le bien commun de l'Allemagne.

Déclaration du Roi, pour servir de réponse à celle que la Cour de Suède a faite à l'Empire, 1757, traduite de l'Allemand.

La Couronne de Suède vient de faire publiquement remettre à l'Empire, par le Ministre qu'elle a à la Diète, une Déclaration, datée du 14 de mars, & portée à la Dictature le 30 du même mois, concernant la protestation de la garantie de la Paix de Westphalie, & où l'on fait envisager la situation présente de l'Empire comme exposant les libertés de l'Allemagne, & les droits des trois Religions qui y sont établies, & comme propre à faire craindre le renversement total du systême de l'Empire.

Il est également évident, d'un côté, que le Roi n'a donné aucune occasion à ces appréhensions, & que l'Empire n'a rien à craindre de sa part, tant dans les affaires de Religion, que dans toutes les autres : &, d'un autre côté, que la Cour de Vienne, comme

on

on l'a prouvé par les documens les plus incontestables, a formé les desseins les plus dangereux contre le Roi & contre tous les Etats de Sa Majesté, & qu'elle a sur-tout en vue de recouvrer, avec l'assistance de ses Alliés, la Silésie & la Comté de Glatz, assurées au Roi par les Traités les plus solemnels, & dont la possession lui a été garantie par les Puissances les plus respectables de l'Europe, & même de tout l'Empire. On a démontré encore, avec la dernière évidence, que la Cour de Dresde a remis sur le tapis le Traité de partage du 9 mai 1745, concernant plusieurs anciens Etats du Roi, & principalement le Duché de Magdebourg, & que, par un désir immodéré de s'agrandir, elle a cherché à faire exécuter ce Traité avec le secours & l'appui de ses puissans Alliés. On a enfin prouvé à toute l'Europe que Sa Majesté, pour dissiper l'orage qui étoit sur le point d'éclater, a été obligée de prendre les armes malgré elle. Sa Majesté a donné assez de preuves de ses dispositions à la Paix, par la Convention de neutralité qu'elle a conclue à Londres le 16 janvier 1756, dans le dessein de maintenir la tranquillité dans l'Allemagne, & d'empêcher des troupes étrangères d'entrer dans l'Empire.

Mais le Roi, en prenant des mesures auxquelles il a véritablement été forcé d'avoir recours, a donné en même tems, à plusieurs reprises, les assurances les plus formelles : & Sa Majesté les réitère encore à présent de nouveau, qu'elle n'a aucun dessein de rien acquérir ; qu'elle ne pense qu'à sa sûreté, & aux moyens de détourner de ses Etats le danger éminent dont ils sont menacés : & que dès qu'elle aura, à cet égard, des sûretés suffisantes, elle posera des armes qu'elle n'a prises que pour sa défense. Cette déclaration a aussi été faite, en particulier, à l'égard de la Saxe, & réitérée publiquement à tout l'Empire, par la déclaration remise au protocole des Electeurs & des Princes, le 10 janvier de cette année, par le Ministre du Roi à Ratisbonne. Le Roi ne veut rien acquérir de la Saxe, & des Etats qui y appartiennent ; mais il évacuera les uns & les autres entièrement, & sans délai, dès qu'il aura les sûretés qui lui sont nécessaires.

On ne peut certainement accuser le Roi d'avoir violé la Paix de Westphalie, en se défendant contre les injustes desseins de ses ennemis, & contre l'invasion qu'on vouloit faire dans ses Etats, & en voulant maintenir la possession des Etats que cette Paix a assurés à la Maison de Brandebourg, pour l'indemniser, & même à des titres assez onéreux. Sa Majesté n'a fait en cela que ce qu'un particulier même est en droit de faire, & ce que les Constitutions de l'Empire permettent. Elle a suivi ce que la loi naturelle lui ordonnoit de faire indispensablement pour sa défense, & pour celle de ses Etats. Les Cours de Vienne & de Dresde, au contraire, ont directement agi contre l'article 17, §. 4 de la Paix de Westphalie, en voulant faire exécuter le Traité de partage ci-dessus mentionné, & en formant les desseins pernicieux qu'elles ont formés. Elles se sont, selon la teneur expresse de cet article, tellement rendues coupables de l'infraction de Paix la plus manifeste, que le Roi est bien en droit de réclamer la garantie de la Couronne de Suède, comme Sa Majesté l'a fait aussi dans une Lettre écrite à Sa Majesté Suédoise, le 22 novembre 1756, à l'égard du Duché de Magdebourg, qu'on a voulu enlever à Sa Majesté, quoique ce Duché ait été assuré pour jamais à la Maison de Brandebourg par le Traité de Westphalie.

Tel étant donc l'état des choses, le Roi a d'autant plus lieu d'attendre de l'amitié de la Cour de Suède, d'ailleurs si étroitement alliée à Sa Majesté, que ce sera en sa faveur que se fera la prestation de la garantie de la Paix de Westphalie; que la Suède vient de promettre publiquement que le Traité d'alliance défensive conclu avec cette Cour, en 1746, & la garantie réciproque des Etats des deux Puissances, n'étoient pas encore expirés lorsque cette Couronne a fait faire sa déclaration: & qu'en qualité de Membre de l'Empire, la Suède est obligée, tant par la garantie de la Paix de Westphalie, que par celle que tout l'Empire a faite de la Paix de Dresde, à maintenir le Roi dans la possession des Etats que Sa Majesté a acquis par ces deux Traités, & en particulier dans celle de la Silésie. Sa Majesté a donc lieu d'attendre que la Cour de Suède sera prête à lui accorder son assistance en toute occasion.

Quant aux droits des trois Religions établies en Allemagne, les Etats Catholiques auront difficilement quelque grief à alléguer contre les Protestans: & ce seroit par conséquent ceux-ci qui seroient en droit de réclamer le secours des Puissances garantes de la Paix de Westphalie, contre les injustices des premiers. Les effets réels de cette garantie feroient d'autant plus à fouhaiter, que la Cour de Suède, comme Etat Proteftant de l'Empire, fait elle-même le nombre de griefs du Corps Evangélique, & combien les démarches qu'on a faites jufqu'à préfent pour y remédier, ont été inutiles; que cette Couronne a garanti les sûretés qui ont été données dans le Pays de Heffe pour la Religion, & qu'elle a auffi interpofé fes bons offices pour faire ceffer la perfécution des Proteftans opprimés dans les Etats héréditaires de la Maifon d'Autriche, contre la teneur expreffe de la Paix de Weftphalie & de celle de Religion, & pour redreffer d'autres griefs femblables du Corps Evangélique. Il y a donc lieu d'efpérer que la Cour de Suède cherche, par la déclaration qu'elle vient de faire, à faire rendre juftice aux Proteftans, & à remplir efficacement les engagemens dans lefquels elle eft entrée dans l'article V, §. 41 de la Paix de Weftphalie, à l'égard de l'oppreffion fous laquelle les Proteftans gémiffent, tant en Autriche que dans tout le refte de l'Empire.

A l'égard des libertés & des prérogatives des Etats de l'Empire, tout le monde fait de la part de qui ces Etats ont quelque chofe à craindre fur ce fujet. Le tems de la dernière guerre, ce qui s'eſt paſſé alors dans l'Empire, ce qui s'y paſſe à préſent, tant à la Diète que dans les Cercles, fait aſſez voir combien la Cour de Vienne bleſſe les droits & les prérogatives des Etats de l'Empire, & de combien de moyens deſpotiques elle ſe ſert pour enfreindre le §. *Gaudeant* de la Paix de Weſtphalie, art. VIII, §. 2. Tout le monde ſait comment la liberté des ſuffrages des Etats eſt reſtreinte ; comment on les prive du droit de guerre & de paix, & de celui de neutralité, qui en dépend, pour ne leur en laiſſer qu'un vain nom ; comment on en exige arbitrairement des mois Romains & des contingens ; comment on menace d'exécution les Etats, qui ne conſentent point à ces impôts ; comment on enfreint par conſéquent directement le §. 52 de l'article V de la Paix de Weſtphalie, concernant les collectes, ſans parler ici d'une foule d'autres infractions qu'il ſeroit ſuperflu d'alléguer.

Sa Majeſté eſpère donc, que Sa Majeſté le Roi & la Couronne de Suède, voyant toutes ces contraventions à la Paix de Weſtphalie, qui expoſent le Syſtême de l'Empire, tant dans les affaires eccléſiaſtiques que dans les affaires profanes, à un renverſement total, ne ſe ſera portée que par ce ſeul motif à la déclaration qui vient d'être faite à l'Empire en ſon nom, & le Roi s'attend que cette garantie ſera telle, que le Droit des Gens & la Paix de Weſtphalie même, ſelon ſon article XVII, §. 5 & 6, la demandent. Sa Majeſté de ſon côté, ſera toujours prête, ainſi que les autres Etats de l'Empire qui ont des ſentimens auſſi patriotiques que le Roi, à concourir de toutes ſes forces à des vues auſſi ſalutaires & auſſi propres à affermir le véritable Syſtême de l'Empire. A Ratisbonne, ce 14 Avril 1757.

DE PLOTHO.

Nota. On n'a inſéré ici que les pièces que M. de Hertzberg a compoſées pendant la guerre de ſept ans. On a omis celles qui ont été faites par d'autres.

COPIE du Traité de paix entre Sa Majesté le Roi de Prusse & Sa Majesté le Roi & la Couronne de Suède, conclu à Hambourg le 22 Mai 1762.

Au nom de la Très-Sainte Trinité.

SA Majesté le Roi de Prusse & Sa Majesté le Roi de Suède, étant également animées d'un désir sincère de rétablir la Paix, l'ancienne bonne harmonie & étroite intelligence qui a subsisté autrefois entre Leurs Maisons Royales, Royaumes, Etats, Pays & Sujets respectifs, & qui s'est trouvée malheureusement interrompue à l'occasion de la présente guerre d'Allemagne, leurs susdites Majestés ont trouvé à propos de nommer & d'autoriser de part & d'autre, pour travailler à un ouvrage si salutaire, à savoir de la part de Sa Majesté le Roi de Prusse, le Sieur Jean-Jules de Hecht, Conseiller privé & Ministre résident de Sadite Majesté dans le Cercle de la Basse-Saxe; & de la part de Sa Majesté & de la Couronne de Suède, le Sieur Adolph-Frédéric d'Olthoff, Conseiller de la Régence en Poméranie; lesquels, après être entrés en conférence dans la ville de Hambourg, & s'être duement communiqué leurs pleins-pouvoirs en bonne forme, sont convenus des Articles suivans d'un Traité de Paix, de réconciliation & d'amitié.

ARTICLE PREMIER.

Il y aura désormais, & à perpétuité, une Paix inviolable, tant par mer que par terre, & une amitié sincère & constante entre Sa Majesté le Roi de Prusse, d'une part, & Sa Majesté le Roi & la Couronne de Suède d'autre part, & entre leurs Héritiers, Successeurs, Royaumes, Etats, Pays, Sujets & Vassaux, en sorte qu'à l'avenir, les deux hautes Parties Contractantes ne commettront, ni ne permettront qu'il se commette aucune sorte d'hostilité de part & d'autre, secrètement ou publiquement. Elles ne donneront non plus aucun secours aux ennemis d'une des Parties Contractantes directement ou indirectement, pour quelque cause & sous quelque prétexte que ce puisse être, & ne feront avec eux aucune Alliance qui soit contraire à cette Paix, dérogeant même à celles qui, de part & d'autre, pourroient avoir été faites par le passé en tant qu'elles feroient oppofées aux préfens engagemens, & elles entretiendront toujours une amitié indiffoluble, & tâcheront de maintenir & d'avancer leurs intérêts réciproques, & de détourner tout ce qui pourroit leur être préjudiciable.

ART. II.

Il y aura, entre leurs fufdites Majeftés & leurs Etats, Pays & Sujets refpectifs, une Amniftie & un oubli éternel de tout ce qui s'eft paffé à l'occafion de la préfente guerre, & il n'en fera jamais plus fait mention ni demandé aucune fatisfaction. Perfonne ne fera auffi inquiété à caufe des Avocatoires publiés de part & d'autre, ni fous quelqu'autre prétexte.

ART. III.

Les hoftilités ayant déjà ceffé de part & d'autre, par l'Armiftice conclu à Ribniz, le 7 avril, Sa Majefté le Roi de Suède s'engage de faire entièrement évacuer, dans l'efpace de quinze jours au plus tard, à compter du jour de la fignature du préfent Traité de Paix, tous les Etats, Pays, Villes, Places & Forterefses appartenant à Sa Majefté le Roi de Pruffe, qui ont été occupés par les troupes

Suédoises pendant le cours de cette guerre, & de les restituer à Sadite Majesté le Roi de Prusse; de sorte que les Limites & Possessions réciproques seront rétablies sur le pied où elles ont été avant la présente guerre & en conformité du Traité de Paix conclu à Stockholm, l'année 1720, qui servira de base & de fondement au présent Traité de Paix, & qui, pour cet effet, est renouvelé & confirmé dans la meilleure forme & comme s'il étoit inséré ici mot à mot.

ART. IV.

On rétablira également de part & d'autre le libre commerce par terre & par mer & en général tout ce qui regarde le Voisinage & la bonne Correspondance des Sujets respectifs, & on remettra les choses, à tous ces égards, sur le pied où elles ont été avant la présente guerre.

ART. V.

Comme la guerre dans laquelle Sa Majesté le Roi de Prusse se trouve impliquée avec Sa Majesté l'Impératrice Reine & avec d'autres Puissances, dure encore, Sa Majesté le Roi & la Couronne de Suède promet, de la manière la plus solemnelle, de ne plus prendre aucune part à cette guerre contre Sa Majesté le Roi de Prusse, ni comme garante de la Paix de Westphalie, ni sous quelqu'autre prétexte ou dénomination que ce puisse être, & de ne fournir aucun secours aux Ennemis de Sadite Majesté Prussienne, ni directement ni indirectement; mais d'observer à tous égards une exacte & parfaite Neutralité pendant tout le tems que cette guerre pourra encore durer. A tout autre égard, Sa Majesté & la Couronne de Suède se réserve la qualité de Garant de la Paix de Westphalie, avec tous les Droits, Prérogatives & Avantages qui en dépendent.

Art. VI.

Tous les prisonniers & ôtages de part & d'autre seront d'abord élargis sans aucune rançon. Toutes les Contributions & Exactions cesseront du jour de la signature de ce Traité de Paix, de même que celles qui, ayant été imposées ci-devant, pourroient encore être arriérées, & tout ce qui pourroit être exigé & extorqué après la signature de ce Traité, sera rendu.

Art. VII.

L'échange des Ratifications du présent Traité

de Paix ſe fera à Hambourg, dans l'eſpace de quatre Semaines, à compter du jour de la ſignature de ce Traité, ou plutôt, s'il eſt poſſible. En foi de quoi, nous ſouſſignés Commiſſaires de Sa Majeſté le Roi de Pruſſe & de Sa Majeſté le Roi & de la Couronne de Suède, en vertu de nos pleins-pouvoirs, avons ſigné ce préſent Traité de paix & d'amitié, & y avons fait appoſer les cachets de nos armes. Fait à Hambourg, ce vingt-deux du mois de mai, l'an mil ſept cent ſoixante-deux.

(L. S.) *Jean-Jules* DE HECHT.

(L. S.) *Adolph-Frédéric* D'OLTHOFF.

TRAITÉ de Paix entre Sa Majeſté l'Impératrice Reine de Hongrie & de Bohême, & Sa Majeſté le Roi de Pruſſe, conclu & ſigné au Château de Hubertsbourg, le 15 Février 1763.

Au nom de la Très-Sainte Trinité, Père, Fils & Saint-Eſprit.

SA Majeſté l'Impératrice Reine Apoſtolique de Hongrie & de Bohême, & Sa Majeſté le Roi de Pruſſe, étant également animées du déſir de mettre fin aux calamités de la guerre, laquelle, à leur grand regret, ſe ſoutient depuis pluſieurs années, & voulant à cette fin, par une réconciliation prompte & ſincère, rendre le repos & la tranquillité à leurs ſujets & Etats reſpectifs, ainſi qu'à ceux de leurs Amis & Alliés, on a travaillé à un ouvrage auſſi ſalutaire, dès que Leurſdites Majeſtés ont été informées de la conformité de leurs intentions à cet égard, & on eſt convenu de faire tenir au Château de Hubertsbourg des Conférences de paix par les plénipotentiaires nommés de part & d'autre. Sa Majeſté l'Impératrice Reine Apoſtolique de Hongrie & de Bohême, a nommé & autoriſé à traiter & conclure en ſon nom, le Sieur Henry Gabriel de Collenbach, ſon Conſeiller Aulique actuel & Tréſorier de l'Ordre Militaire de Marie-Thérèſe; Et Sa Majeſté le Roi de Pruſſe a nommé & autoriſé de ſon côté, pour la même fin, le Sieur Ewald-Frédéric de Hertzberg, ſon Conſeiller privé d'Ambaſſade; Et l'eſprit de conciliation qui a préſidé à cette négociation, lui ayant donné tout le ſuccès déſiré, les ſuſdits Plénipotentiaires, après s'être duement communiqué & avoir échangé leurs pleins-pouvoirs, ſont convenus des articles ſuivans d'un Traité de Paix.

ARTICLE PREMIER.

Il y aura déſormais une Paix inviolable & perpétuelle, de même qu'une ſincère union & parfaite amitié entre Sa Majeſté l'Impératrice Reine Apoſtolique de Hongrie & de Bohême, d'une part, & Sa Majeſté le Roi de Pruſſe de l'autre, & entre leurs Héritiers & Succeſſeurs, & tous leurs Etats & Sujets, de ſorte qu'à l'avenir, les deux hautes Parties Contractantes ne commettront, ni ne permettront qu'il ſe commette aucune hoſtilité ſecrète, ment ou publiquement, directement ou indirectement, & n'entreprendront quoi que ce ſoit, & ſous quelque prétexte que ce puiſſe être, l'une au préjudice de l'autre; mais elles apporteront plutôt la plus grande attention à maintenir entr'elles & leurs Etats & Sujets une amitié & correſpondance réciproque; & évitant tout ce qui pourroit altérer à l'avenir l'union heureuſement rétablie, elles s'attacheront à ſe procurer, en toute occaſion, ce qui pourra contribuer à leurs gloire, intérêts & avantages mutuels.

Art. II.

Il y aura de part & d'autre un oubli éternel & une Amniſtie générale de toutes les hoſtilités, pertes, dommages & torts commis pendant les derniers troubles des deux côtés, de quelque nature qu'ils puiſſent être, de ſorte qu'il n'en ſera jamais plus fait mention ni demandé aucun dédommagement, ſous quelque prétexte ou nom que ce puiſſe être. Les Sujets de part & d'autre n'en seront jamais inquiétés, mais ils jouiront en plein de cette Amniſtie & de tous ſes effets, malgré les Avocatoires émanés & publiés. Toutes les Confiſcations ſeront entièrement levées, & les

les biens confiſqués ou ſéqueſtrés ſeront reſtitués à leurs Propriétaires, qui en étoient en poſſeſſion avant ces derniers troubles.

ART. III.

Sa Majeſté l'Impératrice-Reine-Apoſtolique de Hongrie & de Bohême renonce tant pour elle, que pour ſes Héritiers & Succeſſeurs généralement, à toutes les prétentions qu'elle pourroit avoir ou former contre les Etats & Pays de Sa Majeſté le Roi de Pruſſe, & ſur tous ceux qui lui ont été cédés par les Articles préliminaires de Breſlau & le Traité de Paix de Berlin, comme auſſi à toute indemniſation des pertes & dommages qu'elle & ſes Etats & Sujets pourroient avoir ſoufferts dans la dernière guerre.

Sa Majeſté le Roi de Pruſſe renonce également pour elle & ſes Héritiers & Succeſſeurs généralement, à toutes les prétentions qu'elle pourroit avoir ou former contre les Etats & Pays de Sa Majeſté l'Impératrice-Reine-Apoſtolique de Hongrie & de Bohême, comme auſſi à toute indemniſation des pertes & dommages qu'elle & ſes Sujets pourroient avoir ſoufferts dans la dernière guerre.

Art. IV.

Toutes les hostilités cesseront entièrement de part & d'autre, dès le jour de la signature du présent Traité de Paix. A cet effet, on dépêchera incessamment les ordres nécessaires aux Armées & Troupes des deux Hautes Parties Contractantes, en quelque lieu qu'elles se trouvent; &, au cas que, par cause d'ignorance de ce qui a été stipulé à cet égard, il arrivât qu'il se commît quelques hostilités après le jour de la signature du présent Traité, elles ne pourront être censées y porter aucun préjudice, & on se restituera fidèlement, en ce cas, les hommes & effets qui pourroient avoir été enlevés.

Art. V.

Sa Majesté l'Impératrice-Reine Apostolique de Hongrie & de Bohême retirera ses Troupes de tous les Pays & Etats de l'Allemagne qui ne sont pas de sa domination, dans l'espace de vingt-un jours après l'échange des Ratifications du présent Traité, & dans le même terme, elle fera entièrement évacuer & restituer à Sa Majesté le Roi de Prusse le Comté de Glatz, & généralement tous les Etats, Pays, Villes, Places & Forteresses, que Sa Majesté Prussienne a possédés avant la présente guerre, en Silésie ou autre part, & qui ont été occupés par les troupes de Sa Majesté l'Impératrice-Reine-Apostolique de Hongrie &. de Bohême ou par celles de ses Amis & Alliés, pendant le cours de la présente guerre. Les Forteresses de Glatz, de Wesel & de Gueldres seront restituées à Sa Majesté Prussienne dans le même état, par rapport aux Fortifications où elles ont été & avec l'artillerie qui s'y est trouvée lorsqu'elles ont été occupées.

Sa Majesté le Roi de Prusse retirera dans le même espace de vingt-un jours après l'échange des Ratifications du présent Traité, ses Troupes de tous les Pays & Etats de l'Allemagne qui ne sont pas de sa domination, & elle évacuera & restituera de son côté, tous les Etats & Pays, Villes, Places, Forteresses de Sa Majesté le Roi de Pologne, Electeur de Saxe, conformément au Traité de Paix qui a été conclu ce même jour entre Leurs Majestés les Rois de Prusse & de Pologne, de sorte que la restitution & l'évacuation des Provinces, villes & forteresses occupées réciproquement, doit être faite en même tems & à pas égaux.

ART. VI.

Les contributions & livraisons, de quelque

nature qu'elles ſoient, ainſi que toutes demandes en recrues, pionniers, chariots, chevaux, &c. & en général toutes les preſtations de guerre ceſſeront du jour de la ſignature du préſent Traité ; & tout ce qui ſera exigé, pris ou perçu depuis cette époque, ſera reſtitué ſans délai & de bonne foi.

On renoncera de part & d'autre à tous les arrérages des contributions & preſtations quelconques ; les lettres-de-change ou autres promeſſes par écrit qu'on a données de part & d'autre ſur ces objets, ſeront déclarées nulles & de nul effet, & ſeront reſtituées gratuitement à ceux qui les ont données. L'on relâchera auſſi ſans rançon les ôtages pris ou donnés par rapport à ces mêmes objets, & tout ce que deſſus aura lieu immédiatement après l'échange des Ratifications du préſent Traité.

Art. VII.

Tous les priſonniers de guerre ſeront rendus réciproquement & de bonne foi, ſans rançon & ſans égard à leur nombre ou à leur grade militaire, en payant toutefois préalablement les dettes qu'ils auront contractées pendant leur captivité. L'on renoncera réciproquement à ce qui leur aura été fourni ou avancé pour leur subsistance & entretien, & l'on en usera en tout de même à l'égard des malades & blessés, d'abord après leur guérison. On nommera pour cet effet, de part & d'autre, des Généraux ou Commissaires qui procéderont d'abord, après l'échange des Ratifications, dans les endroits dont on conviendra, à l'échange de tous les prisonniers de guerre.

Tout ce qui est stipulé dans cet article, aura également lieu à l'égard des Etats de l'Empire, en conséquence de la stipulation générale exprimée à l'article XIX. Cependant, comme Sa Majesté le Roi de Prusse & les Etats de l'Empire ont eux-mêmes fourni à l'entretien & à la subsistance de leurs prisonniers de guerre respectifs, & qu'à cette fin, des particuliers pourroient avoir fait des avances, les Hautes Parties Contractantes n'entendent point déroger par les stipulations ci-dessus, aux prétentions desdits particuliers à cet égard.

ART. VIII.

Comme l'on est d'accord de se rendre mutuellement les Sujets de l'une des Hautes Parties Contractantes, qui pourroient avoir été obligés d'entrer dans le ſervice de l'autre, l'on s'entendra après la Paix, amiablement ſur les meſures néceſſaires à prendre pour exécuter cette ſtipulation avec l'exactitude & la réciprocité convenables.

ART. IX.

Sa Majeſté l'Impératrice - Reine - Apoſtolique de Hongrie & de Bohême fera fidèlement reſtituer à Sa Majeſté le Roi de Pruſſe tous les papiers, lettres, documens & archives, qui ſe ſont trouvés dans les Pays, Terres, Villes & Places de Sa Majeſté Pruſſienne, qu'on lui reſtitue par le préſent Traité de Paix.

ART. X.

Il ſera libre aux habitans du Comté & de la ville de Glatz, qui voudront transférer leur domicile ailleurs, de pouvoir le faire pendant l'eſpace de deux ans, ſans payer aucun droit.

ART. XI.

Sa Majeſté le Roi de Pruſſe confirmera & maintiendra la collation de toutes les prébendes & bénéfices Eccléſiaſtiques, qui a été faite pendant la dernière guerre in *Turno*

Clivensi au nom de Sa Majesté l'Impératrice-Reine-Apostolique de Hongrie & de Bohême, ainsi que la nomination qu'elle a faite aux places de Drossard, qui sont devenues vacantes pendant cette guerre, dans le pays de Clèves & de Gueldres.

ART. XII.

Les articles préliminaires de la paix de Breslau, du 11 juin 1742, & le Traité définitif de la même paix, signé à Berlin, le 28 juillet de la même année, le Recès des Limites de l'année 1742, & le Traité de Paix de Dresde du 25 décembre 1745, pour autant qu'il n'y est pas dérogé par le présent Traité, sont renouvelés & confirmés.

ART. XIII.

Sa Majesté l'Impératrice-Reine-Apostolique de Hongrie & de Bohême, & Sa Majesté le Roi de Prusse s'engagent mutuellement de favoriser réciproquement, autant qu'il est possible, le Commerce entre leurs Etats, Pays & Sujets respectifs, & de ne point souffrir qu'on y mette des entraves ou chicanes; mais elles tâcheront plutôt de l'encourager & de l'avancer de part & d'autre fidèlement pour le plus grand bien de leurs Etats réciproques. Elles se proposent de faire travailler, pour cet effet, à un Traité de Commerce aussi-tôt que faire se pourra ; mais en attendant, & jusqu'à ce qu'on ait pu convenir sur cet objet, une chacune d'elles arrangera dans ses Etats, selon sa volonté, tout ce qui a du rapport au Commerce.

Art. XIV.

Sa Majesté le Roi de Prusse conservera la Religion Catholique en Silésie dans l'état où elle étoit au tems des Préliminaires de Breslau, & du Traité de Paix de Berlin, ainsi qu'un chacun des habitans de ce pays dans les possessions, libertés & privilèges, qui lui appartiennent légitimement, sans déroger toutefois à la liberté entière de conscience de la Religion Protestante, & aux droits de Souverain.

Art. XV.

Les deux Hautes Parties Contractantes renouvellent les Engagemens qu'elles ont pris dans l'article IX, & dans l'article séparé du Traité de Berlin, du 28 juillet 1742, relativement au paiement des Dettes hypothéquées sur la Silésie.

ART. XVI.

Sa Majesté l'Impératrice-Reine-Apostolique de Hongrie & de Bohême, & Sa Majesté le Roi de Prusse, se garantissent mutuellement, de la manière la plus forte, leurs Etats, savoir : Sa Majesté l'Impératrice-Reine, tous les Etats de Sa Majesté Prussienne sans exception, & Sa Majesté le Roi de Prusse, tous les Etats que Sa Majesté l'Impératrice-Reine de Hongrie & de Bohême possède en Allemagne.

ART. XVII.

Sa Majesté le Roi de Pologne, Electeur de Saxe, doit être comprise dans cette Paix, sur le pied du Traité de Paix que Sadite Majesté a conclu ce même jour avec Sa Majesté le Roi de Prusse.

ART. XVIII.

Sa Majesté le Roi de Prusse renouvellera la convention faite en 1741, entr'elle & l'Electeur Palatin, au sujet de la Succession de Juliers & de Bergue, sous les mêmes conditions sous lesquelles elle a été conclüe.

ART. XIX.

Tout l'Empire est compris dans les Stipulations des articles II, IV, V, VI & VII; & moyennant cela, tous ses Princes & Etats jouiront en plein de l'effet desdites Stipulations, & ce qui y est arrêté & convenu entre Sa Majesté l'Impératrice-Reine-Apostolique de Hongrie & de Bohême & Sa Majesté le Roi de Prusse, aura également & réciproquement lieu entre Leursdites Majestés & tous les Princes & Etats de l'Empire. La Paix de Westphalie & toutes les autres Constitutions de l'Empire sont aussi confirmées par le présent Traité de Paix.

ART. XX.

Les deux Hautes Parties Contractantes sont convenues de comprendre, dans le présent Traité de Paix, leurs Alliés & Amis, & elles se réservent de les nommer dans un acte séparé, qui aura la même force que s'il étoit inséré mot à mot dans ce Traité, & il sera également ratifié par les deux Hautes Parties Contractantes.

ART. XXI.

L'échange des Ratifications du présent Traité de Paix se fera à Hubertsbourg, dans quinze jours, à compter du jour de la signature, ou plutôt si faire se peut.

En foi de quoi, Nous soussignés Plénipotentiaires de Sa Majesté l'Impératrice-Reine-Apostolique de Hongrie & de Bohême & de Sa Majesté le Roi de Prusse, en vertu de nos pleins-pouvoirs qui ont été échangés de part & d'autre, avons signé le présent Traité de Paix, & y avons fait apposer les Cachets de nos armes. Fait au Château de Hubertsbourg, ce 15 février de l'année mil sept cent soixante-trois.

(L. S.) *Ewald-Frédéric* DE HERTZBERG.

L'Exemplaire de la Cour de Vienne est signé:

(L. S.) *Henry-Gabriel* DE COLLENBACH.

TRAITÉ de Paix entre Sa Majesté le Roi de Prusse & Sa Majesté le Roi de Pologne, Electeur de Saxe, conclu & signé au Château de Hubertsbourg, le 15 Février 1763.

SA Majesté le Roi de Prusse, & Sa Majesté le Roi de Pologne, Electeur de Saxe, animées du désir réciproque de mettre fin aux calamités de la guerre, & de rétablir l'union & la bonne intelligence entr'elles, & le bon voisinage entre leurs Etats respectifs, ayant réfléchi sur les moyens les plus propres pour parvenir à un but si salutaire, & Son Altesse Royale le Prince Royal de Pologne & Electoral héréditaire de Saxe, s'étant employée à concerter une Assemblée de Plénipotentiaires, qui fût suivie d'une négociation, pour l'avancement de laquelle, & pour écarter les retardemens que l'éloignement auroit pu faire naître, Sa Majesté le Roi de Pologne, Electeur de Saxe, lui a confié le soin d'y ménager ses intérêts, on est convenu de faire tenir, au

Château de *Hubertsbourg*, des Conférences de Paix.

En conséquence de quoi, Leurs Majestés ont nommé & autorisé des Plénipotentiaires; savoir, Sa Majesté le Roi de Prusse, le Sieur Ewald-Frédéric de Hertzberg, son Conseiller Privé d'Ambassade, & Sa Majesté le Roi de Pologne, Electeur de Saxe, le Sieur Thomas, Baron de Fritsch, son Conseiller Privé; lesquels, après s'être duement communiqué & avoir échangé leurs pleins pouvoirs en bonne forme, ont arrêté, conclu & signé les articles suivans d'un Traité de Paix.

ARTICLE PREMIER.

Il y aura une Paix solide, une amitié sincère, & un bon voisinage entre Sa Majesté le Roi de Prusse, & Sa Majesté le Roi de Pologne, Electeur de Saxe, & leurs Héritiers, Etats, Pays & Sujets : en conséquence de quoi, il y aura une Amnistie générale, & un oubli éternel de tout ce qui est arrivé entre les Hautes Parties Contractantes, à l'occasion de la présente guerre, de quelque nature que cela puisse avoir été; & il ne sera point demandé de dédommagement de part & d'autre, sous quelque prétexte ou nom que ce puisse être;

mais toutes les prétentions réciproques, occasionnées par cette guerre, demeureront entièrement éteintes, annullées & anéanties.

Les Hautes Parties Contractantes & leurs Héritiers, cultiveront à l'avenir entr'elles une bonne harmonie & parfaite intelligence, en tâchant d'avancer leurs intérêts réciproques, & d'écarter tout ce qui leur pourroit préjudicier ou y donner la moindre atteinte.

Sa Majesté le Roi de Prusse promet, en particulier, que, dans les occasions qui se présenteront de pouvoir procurer des convenances à Sa Majesté le Roi de Pologne, Electeur de Saxe, ou à sa Maison, sans que ce soit aux dépens de Sadite Majesté Prussienne, elle y contribuera avec le plus grand zèle, & se concertera à cet effet avec Sa Majesté Polonoise, & avec leurs amis communs.

ART. II.

Toutes les hostilités cesseront entièrement, à compter du 11 février inclusivement; & depuis le même jour, Sa Majesté Prussienne fera cesser entièrement & pleinement toutes contributions ordinaires & extraordinaires, toutes livraisons de provisions de bouche, fourrages, chevaux & autre bétail, ou autres effets; toutes demandes de recrues, valets, travailleurs & voitures, & généralement toutes sortes de prestations, de quelque nature & dénomination qu'elles puissent être, & sous quelque titre ou prétexte qu'elles pourroient être demandées & exigées; comme aussi toute coupe de bois, & autres endommagemens, dans tout l'Electorat de Saxe, & toutes ses parties & dépendances, y compris la Haute & Basse-Lusace. Si les ordres que Sa Majesté le Roi de Prusse a donnés là-dessus ne fussent pas arrivés ledit jour en tous les endroits occupés par les troupes de Sa Majesté Prussienne, & que, par cette raison, ou sous d'autres prétextes, il dût arriver qu'on eût pris ou exigé encore quelqu'argent, ou quelqu'autre prestation, de quelque nature ou prix qu'elle pourroit être, des caisses ou des Sujets de Sa Majesté Polonoise, ou qu'on eût causé d'autres dommages, Sa Majesté Prussienne fera restituer, sans délai, tout ce qui auroit été pris ou exigé, & bonifier tout dommage & perte. En conséquence de cette cessation générale de toutes sortes de prestations, Sa Majesté Prussienne renonce également à tous les arrérages des contributions, livraisons & autres prestations antérieurement demandées & exigées,

& déclare que toutes les prétentions y relatives seront & demeureront entièrement éteintes, annullées & anéanties : de sorte qu'il n'en sera jamais plus fait mention.

ART. III.

Sa Majesté le Roi de Prusse promet de commencer les dispositions nécessaires pour une prompte évacuation de la Saxe, dès que le présent Traité sera signé, & d'effectuer & achever l'évacuation & la restitution de tous les Etats & Pays, Villes, Places & Forts de Sa Majesté Polonoise, & généralement de toutes parties & dépendances desdits Etats que Sa Majesté Polonoise a possédés avant la présente guerre, dans l'espace de trois semaines, à compter du jour de l'échange des ratifications : bien entendu que les troupes de Sa Majesté l'Impératrice-Reine de Hongrie & de Bohême évacueront toute la Saxe dans le même espace de tems.

Dès le 11 février, Sa Majesté le Roi de Prusse fera nourrir ses troupes de ses propres magasins, sans qu'elles soient à charge au Pays, & on procédera incessamment au règlement des routes que lesdites troupes prendront en quittant les Etats de Sa Majesté le Roi de Pologne,

Pologne, dans lesquelles elles seront conduites & logées par des Commissaires nommés par Sa Majesté Polonoise, qui auront pareillement soin des *Vorspann*, dont les troupes auront besoin pour leurs marches, & qui leur seront fournis gratuitement, à condition que ces *Vorspann* ne soient pas obligés de passer les frontières de Saxe que jusqu'au premier gîte.

ART. IV.

Sa Majesté le Roi de Prusse renverra, sans rançon & sans délai, tous les Généraux, Officiers & Soldats de Sa Majesté le Roi de Pologne, Electeur de Saxe, qui sont encore prisonniers de guerre, & les autres Sujets de Sadite Majesté Polonoise, qui ne voudront pas rester dans le Service & dans les Etats de Sa Majesté Prussienne : bien entendu que chacun d'eux paye préalablement les dettes qu'il aura contractées.

Sadite Majesté le Roi de Prusse rendra aussi toute l'artillerie appartenante à Sa Majesté le Roi de Pologne, qui se trouve encore en Saxe, & qui est marquée aux armes de Sadite Majesté Polonoise.

En particulier, les Villes de Leipsic, Torgau & Wittenberg seront restituées, par rapport aux fortifications, dans le même état où elles sont à présent, & avec l'artillerie qui s'y trouve marquée aux armes de Sa Majesté Polonoise.

Sa Majesté Prussienne mettra aussi en liberté les otages & autres personnes qui ont été arrêtées à l'occasion de la présente guerre, & fera rendre tous les papiers qui appartiennent aux Archives de Sa Majesté le Roi de Pologne, Electeur de Saxe, ou aux autres Bureaux du Pays: & à l'avenir, il n'en sera rien allégué ou inféré contre Sa Majesté le Roi de Pologne, ni contre ses Héritiers & Etats.

ART. V.

Le Traité de Paix, conclu à Dresde le 25 décembre 1745, est expressément renouvelé & confirmé dans la meilleure forme, & dans toute sa teneur, autant que le présent Traité n'y déroge pas, & que les obligations y contenues sont de nature à pouvoir encore avoir lieu.

ART. VI.

Pour redresser réciproquement tous les abus qui se sont glissés dans le commerce, au préjudice des pays, Etats & sujets respectifs des hautes Parties contractantes, il est convenu que, d'abord après la Paix conclue, on nommera, de part & d'autre, des Commiſſaires, qui régleront les affaires de commerce ſur des principes équitables & réciproquement utiles.

Il ſera auſſi réciproquement adminiſtré bonne & prompte juſtice à ceux des Sujets reſpectifs qui auront des procès & des prétentions liquides dans les Etats de l'une ou de l'autre Partie : & quand il y en aura qui auront changé, ou voudront encore changer de domicile, & le transférer de la domination de l'une ſous celle de l'autre des hautes Parties contractantes, on ne leur fera point de difficulté à cet égard.

ART. VII.

Sa Majeſté le Roi de Pruſſe conſent d'accéder & fera accéder ſes Sujets, créanciers de la *Steuer* de Saxe, aux arrangemens qu'on prendra inceſſamment, par rapport aux intérêts à payer, & pour l'établiſſement d'un fonds d'amortiſſement ſolide & durable, ſans aucune préférence.

Sa Majeſté le Roi de Pologne, Electeur de Saxe, aſſure & promet, d'un autre côté, que, conformément auxdits arrangemens, tous les Sujets de Sa Majeſté Pruſſienne, qui ont ou auront des capitaux dans la *Steuer* de Saxe, recevront leurs intérêts exactement, & que les capitaux leur seront aussi remboursés en entier, sans la moindre réduction ni diminution, & dans un espace de tems raisonnable.

Art. VIII.

L'échange de la Ville & du Péage de Furstenberg, & du Village de Schidlo, contre un équivalent *an Land und Leuten*, stipulé dans l'article VII de la Paix de Dresde, ayant rencontré beaucoup de difficultés dans l'exécution, on est ultérieurement convenu que, pour le faciliter, la Ville de Furstenberg, avec ses dépendances, situées en-deçà de l'Oder, ne sera pas comprise dans ce troc, & restera à Sa Majesté Polonoise; mais que, d'un autre côté, Sadite Majesté le Roi de Pologne, Electeur de Saxe, cédera à Sa Majesté Prussienne, non seulement le Péage de l'Oder, qu'elle a perçu jusqu'ici à Furstenberg, & le Village de Schidlo, avec ses appartenances au-delà de l'Oder, mais aussi généralement tout ce qu'elle a possédé jusqu'ici des bords & rives de l'Oder, tant du côté de la Lusace que de celui de la Marche, de sorte que la rivière de l'Oder fasse la limite territoriale, & que la supériorité des deux rives & bords de l'Oder, & de tout ce qui est au-delà de l'Oder, du côte de la Marche, appartienne désormais en entier & exclusivement à Sa Majesté le Roi de Prusse, ses successeurs & héritiers, à perpétuité.

Il est aussi convenu que l'équivalent à donner à Sa Majesté Polonoise, ne pourra être évalué qu'à proportion du revenu réel qu'elle a tiré jusqu'ici des possessions qu'elle cédera à Sa Majesté Prussienne : en conséquence de quoi, Sa Majesté Polonoise se contentera d'un équivalent *an Land und Leuten*, dont le revenu réel seroit égal au revenu réel des possessions qu'elle cédera à Sa Majesté Prussienne.

Au reste, dans tous les autres points relatifs à cet échange, l'article VII de la Paix de Dresde sera exactement observé & exécuté.

ART. IX.

Sa Majesté le Roi de Prusse accorde à Sa Majesté le Roi de Pologne, Electeur de Saxe, le libre passage, en tout tems, par la Silésie en Pologne, & renouvelle, en particulier, ce qui a été stipulé là-dessus dans l'article X du Traité de Paix conclu à Dresde en 1745.

ART. X.

Les hautes Parties contractantes se garantissent réciproquement l'observation & l'exécution du présent Traité de Paix, & tâcheront d'en obtenir la garantie des Puissances avec lesquelles elles sont en amitié.

ART. XI.

Le présent Traité de Paix sera ratifié de part & d'autre, & les ratifications seront expédiées en bonne & due forme, & changées dans l'espace de quinze jours, ou plutôt, si faire se peut, à compter du jour de la signature.

En foi de quoi les Soussignés, Plénipotentiaires de Sa Majesté le Roi de Prusse & de Sa Majesté le Roi de Pologne, Electeur de Saxe, en vertu de leurs pleins-pouvoirs, ont signé le présent Traité de Paix, & y ont fait apposer les cachets de leurs armes.

Fait, au Château de Hubertsbourg, le 15 février 1763.

(L.S.) *Ewald Frédéric* DE HERTZBERG.

(L.S.) *Thomas, Baron* DE FRITSCH.

Articles séparés.

ARTICLE PREMIER.

On est convenu que, dans les arrérages, ou autres prestations arriérées, qui devront cesser du 11 février 1763, ne sera pas compris ce qui est encore dû sur les lettres-de-change, & autres engagemens par écrit, énoncés dans la spécification ci-jointe, que Sa Majesté le Roi de Prusse se réserve expressément, & que Sa Majesté le Roi de Pologne promet de faire acquitter exactement, & selon la teneur desdites lettres-de-change, & autres engagemens par écrit donnés là-dessus, sans le moindre rabais ou défalcation, & dans les monnoies y promises.

ART. II.

Pour ne laisser aucun doute sur la nature & la solidité des arrangemens à prendre sur les affaires de la *Steuer*, dont il a été fait mention dans l'article VII du Traité de Paix, Sa Majesté le Roi de Pologne, Electeur de Saxe, déclare qu'elle prendra des arrangemens pour qu'aucun des créanciers de la *Steuer* ne perde la moindre partie de son capital;

Qu'il eſt impoſſible de payer les intérêts arriérés après que tous les revenus du Pays ont été notoirement abſorbés par les calamités de la guerre ;

Que la même raiſon doit valoir pour l'année préſente, après toutes les charges auxquelles le Pays a déjà été obligé de fournir ;

Mais que pour le futur, Sa Majeſté prendra inceſſamment avec les Etats de la Saxe, aſſemblés en Diète, les arrangemens néceſſaires pour établir un fonds préalable ſur les revenus les plus clairs du Pays, lequel ſera :

1°. Principalement employé pour payer exactement les intérêts, qui ne pourront pas être fixés au-deſſous de trois pour cent, tout comme ils ne pourront pas paſſer leſdits trois pour cent ;

2°. Que le reſte ſera le fonds d'amortiſſement pour l'acquit ſucceſſif des capitaux, qui augmentera à proportion de l'acquit des capitaux & de la diminution des intérêts, & dont la diſtribution ſe fera annuellement par le ſort, ſans aucune préférence pour qui, ou à quel titre que ce ſoit ;

3°. Que l'adminiſtration dudit fonds total, deſtiné au paiement des intérêts & au rembourſement des capitaux, ſera fixée en la susmentionnée Diète prochaine des Etats de Saxe, de façon que plénière sûreté s'y trouve, Sa Majesté le Roi de Pologne, Electeur de Saxe, promettant de donner là-dessus toutes les assurances convenables.

ART. III.

Il a été convenu & arrêté que les titres employés ou omis de part & d'autre à l'occasion de la présente négociation dans les pleins-pouvoirs, & autres actes, ou par-tout ailleurs, ne pourront être cités ou tirés à conséquence, & qu'il ne pourra jamais en résulter aucun préjudice pour aucune des Parties intéressées.

Les présens trois articles séparés auront la même force que s'ils étoient, mot à mot, insérés dans le Traité principal, & ils seront également ratifiés des deux hautes Parties contractantes.

En foi de quoi, les Soussignés, Plénipotentiaires de Sa Majesté le Roi de Prusse, & de Sa Majesté le Roi de Pologne, Electeur de Saxe, ont signé ces présens articles séparés, & y ont fait apposer les cachets de leurs armes.

Fait au Château de Hubertsbourg, le 15 février 1763.

(L. S.) *Ewald Frédéric* DE HERTZBERG.

(L. S.) *Thomas*, *Baron* DE FRITSCH.

ARTICULUS ex Constitutionibus à Confœderatis Statibus Reipublicæ Polonicæ in Comitiis Convocationis 1764 Anni latis, super agnitione Tituli Regis Borussiæ.

SIQUIDEM ratificatio declarationis per Ministros Aulæ Berolinensis datæ superius exaratæ, respectu tituli Regis Prussiæ à Republica recogniti, manu & Sigillo ejusdem Serenissimi Regis ante conclusionem Comitiorum supervenit; proinde eandem ratificationem ex originali desumptam in volumen modernarum Constitutionum inserere jussimus. Cujus de verbo ad verbum tenor sequitur talis: Fridericus Dei gratia Rex Borussiæ, Marggravius Brandeburgensis, Sacri Romani Imperii Archi-Camerarius & Princeps Elector, Supremus Silesiæ Dux, &c. Notum testatumque facimus hisce omnibus quorum interest. Cum Serenissima Poloniæ Respublica titulum Nostrum Regium Borussiæ recognoscere decreverit, & Ministri Nostri Varsaviæ residentes, ne hæc recognitio Sereniſſimæ Reipublicæ damno ſit, declarationem ei exhibuerint, cujus tenor de verbo ad verbum ſequitur : Nos Carolus Princeps de Carolath S. Romani Imperii Comes de Schœnaich, Eques ordinis aquilæ nigræ, ſuæ Regiæ Majeſtatis Boruſſiæ Generalis Exercituum Locum tenens, Orator Extraordinarius & Plenipotentiarius; nec non Gedeon de Benoit, ejuſdem Regiæ Majeſtatis Legationum Conciliarius actualis & Reſidens apud Sereniſſimam Rempublicam. Ex quo Sereniſſima Reſpublica Poloniæ in corpore, ad exemplum omnium aliarum Potentiarum, titulum Regium Boruſſiæ recognoſcere decrevit, ea tamen lege, ne hæc recognitio, nec juribus, nec poſſeſſionibus Reipublicæ ſit damno vel præjudicio. Hinc nos infra ſcripti Sacræ Regiæ Majeſtatis Boruſſiæ Miniſtri, vigore hujus declaramus Suæ Regiæ Majeſtati, nec animum neque mentem eſſe, uſu hujus tituli tractatibus & conventionibus inter Illam & Sereniſſimam Rempublicam feliciter exiſtentibus, quidquam præjudicii afferre, quin potius omnium Reipublicæ jurium æque ac libertatum garantiam ſeu tuitionem præſtituram & manutenturam eſſe.

Cætero ſpondemus, Nos operam impenſuros eſſe, quo hæc declaratio à Regia Sua Majeſtate propria manu ratihabeatur atque confirmetur. Quorum in fidem hunc declarationis actum ſubſcripſimus, & gentilitiorum Inſignium Noſtrorum ſigillis munivimus. Actum Varſaviæ, die 27 maii anno 1764.

(L. S.) *C. P.* DE CAROLATH.

(L. S.) *G.* DE BENOIT.

Nos viſa perpenſaque hac declaratione, eam ratam & gratam habemus, approbamus ac confirmamus, verbo Regio ſpondentes, pro Nobis Succeſſoribuſque Noſtris, Nos eoſque declarationem hanc ſanctiſſime obſervaturos neque permiſſuros eſſe, ut ulla ratione à quovis infringatur. In cujus rei teſtimonium Nos hoc ratificationis Inſtrumentum manu Noſtra ſubſcripſimus & ſigillum Noſtrum Regium ei apponi curavimus. Dabantur in Regia Noſtra Berolini, die duodecima menſis junii anno ſalutis milleſimo ſeptingenteſimo ſexageſimo quarto, Regni noſtri vigeſimo quinto.

(L. S.) FRIDERICUS, Rex.

Finkenſtein, *E. F.* DE HERTZBERG.

Proindè uti jam ſuperius titulum Regium Sereniſſimo Regi Boruſſorum, exemplo aliarum Potentiarum referibiliter ad hancce ratificationem attribuendum cenſuimus, ita ſane cum eſt ſubſecuta juxta obloquentiam cautelarum ibidem expreſſarum attribuimus.

Concordat cum originali.

Hyacinthus OGRODZKI *Capitaneus Lubczanenſis, Confœderationis ordinum Reipublicæ in Comitiis convocationis Secretarius mppa.*

REGIÆ Majeſtatis Boruſſicæ litteræ patentes ad ordines & incolas terrarum Pruſſiæ & Pomeraniæ quas Poloniæ Reges huc uſque detinuerunt, uti & tractuum Poloniæ majoris, cis amnem Notezam ſitorum. Datæ Berolini die 13 Sept. 1772.

NOS Fridericus Dei gratia Rex Boruſſiæ, Marggravius Brandeburgenſis, Sacri Romani Imperii Archi-Camerarius & Princeps Elector, Supremus Sileſiæ Dux, &c. &c.

Cunctis Ordinibus, Epiſcopis, Abbatibus, Prælatis, Palatinis, Caſtellanis, Capitaneis ſeu Staroſtis, Camerariis & Judicibus terreſtribus, Ordini equeſtri, Vaſallis ac Nobilibus, Magiſtratibus & incolis civitatum, ruricolis, ſinguliſque & univerſis tam eccleſiaſticis quam ſæcularibus civibus, incolis & ſubditis Terrarum Pruſſiæ & Pomeraniæ, à Regibus Poloniæ huc uſque poſſeſſarum, uti & Tractuum cis Notezam amnem ſitorum & ad Poloniam Majorem relatorum hactenus,

Salutem, Gratiam ac Benevolentiam Nostram Regiam, illisque hisce litteris sequentia significamus:

Omnibus rerum in orbe gestarum peritis constat, nos quoque singulari libello seu deductione typis mandata & firmissimis historiarum ac juris argumentis æque ac documentis authenticis fulta, toti Europæ exposuimus, qualiter Poloniæ Reges eam Ducatus Pomeraniæ partem, quæ ad sinistram Vistulæ ripam protenditur, amnemque Notezam tangit, Pomerellia vulgo dicta, multis retro sæculis, Ducibus Pomeraniæ violento modo eripuerunt, & postea Successoribus horum Ducum, Electoribus Brandeburgicis, non solum Pomerelliam istam, sed etiam insignem tractum Novæ Marchiæ, cis Notezam fluvium, pari injustitia detinuerunt & usurpaverunt; siquidem extincta anno 1295 masculina stirpe Ducum Pomeraniæ lineæ Dantiscanæ, Duces Pomeraniæ lineæ Sedinensis tanquam proximi agnati & hæredes, cum illis à communi stipite profecti, iis succedere debuissent, sed ab hac legitima successione majori tunc potentia Ordinis Teutonici & postea Regum Poloniæ violenter & injuste sunt exclusi, nunquam tamen juribus suis in atavitum hoc patrimonium ſe abdicaverunt, ſed potius ea, extincta anno 1637 antiqua Pomeraniæ Ducum gente, in hæredes ſuos & Succeſſores univerſales, Electores Brandeburgenſes, intacta tranſmiſere; quod vero ad Tractum Majoris Poloniæ inter Dragam & Notezam ſitum attinet, is ab ultimis temporibus ad novam Marchiam Brandeburgenſem ſpectavit & uſque ad initium ſæculi decimi quinti quieteà Marchionibus Brandeburgicis poſſeſſus fuit, poſtea vero cum Sigiſmundus Elector anno 1402 Novam Marchiam Ordini equitum Teutonicorum pignori dediſſet, Poloniæ Reges, occaſione bellorum cum dicto Ordine geſtorum, Tractum hunc ampliſſimum occupaverunt & retinuerunt, licet nullo unquam fœdere eis nec ab Ordine Teutonico, nec ab Electoribus Brandeburgenſibus, nec ab Imperio Germanico ceſſus fuerit. Poſſeſſio tam injuſta & tam vitioſa harum duarum Provinciarum, ex conſenſu gentium moratiorum, præſcriptione longi temporis corrigi & emendari non potuit, ſed potius jura Domus Brandeburgicæ in eas ſalva manſere, æque ac aliæ juſtæ & magni momenti prætenſiones, quæ Nobis in Regnum Poloniæ competunt, prout in ſupra dicta Deductione, pluribus expoſitum

ſitum & probatum eſt. Cum vero tot tantasque injurias Domui Noſtræ Regiæ & Electorali illatas diutius ferendi neque animus Nobis ſit, neque ulla juris neceſſitas, conſtitutum Nobis eſt, omnes à Summo Numine Nobis impertitas vires impendere, ad recuperandas non ſolum Provincias illas à Pomerania & Marchia per Polonos avulſas, ſed ad conſequendam etiam indemnitatem fructuum & redituum ex ampliſſimis hiſce regionibus per tantum temporis ſpatium Domui Noſtræ præreptorum. Hinc decrevimus, poſſeſſionem adprehendere tam Tractuum Majoris Poloniæ cis Notezam, quam etiam omnium Terrarum Pruſſiæ & Pomeraniæ cis & trans Viſtulam, quas Poloniæ Reges hactenus ſub nomine Pruſſiæ Polonicæ tenuerunt (exceptis urbibus Thorunio & Gedano), illiſque regionibus præſidia Noſtra imponere, ſpem ſimul concipientes, Rempublicam Poloniæ, perpenſis bene poſtulationibus Noſtris æque ac circumſtantiis, tandem juri Noſtro ceſſuram fore, & amica tranſactione omnem diſceptationem Nobiſcum compoſituram & ad æquam ſuper his conventionem facilem ſe præbituram eſſe. Firmam hanc animi Noſtri & bene perpenſam ſententiam præfatis Ordinibus & incolis Terrarum Pruſſiæ & Pomeraniæ, huc uſque à Regibus Poloniæ poſſeſſarum, ut & Tractuum cis Notezam hactenus ad Magnam Poloniam relatorum, per has Litteras patentes, ſolemniter notum facere, eos requirere, adhortari, ipſiſque tam clementer quam ſerio mandare & injungere voluimus, ne dictæ Noſtræ occupationi, eumque in finem à Nobis ablegatis Præfectis & copiis ſe opponere præſumant, ſed potius dominationi Noſtræ ultro ſe ſubjiciant, & Nos jamjam, tanquam legitimum Regem ſuum & Dominum agnoſcant, ſe fideles Noſtros & obedientes ſubditos præſtent, & omni communicatione cum Regno Poloniæ abſtineant. Nos contra ſpondemus & promittimus, omnes & ſingulos in ſuis poſſeſſionibus & juribus, tam in eccleſiaſticis quam ſæcularibus, præſertim Romano-Catholicæ Religioni addictos, in libero religionis ſuæ cultu & exercitio tueri & manutenere, & generatim totam Provinciam ita regere, ut recte ſentientes incolæ felices & contenti eſſe queant, nec ulla unquam cauſa pœnitentiæ ex hac mutatione eos ſubitura ſit. Et ut fidei ac obſequii eorum ſolemni & generali homagio eo certiores reddamur, è re Nobis viſum fuit, diem huic indicere in Civitate Noſtra Mariæburgo, eumque in finem diem decimum quartum à dato harum Litterarum patentium, videlicet 27 ſeptembris, conſtituimus. Mandamus igitur hiſce & præcipimus, omnibus in capite harum Litterarum patentium memoratis Ordinibus Terrarum Pruſſiæ, Pomeraniæ & Poloniæ majoris cis Notezam à Regibus Poloniæ hactenus poſſeſſarum (exceptis Civitatibus Thorunio & Gedano), ut duobus diebus ante dictum terminum homagialem, in civitate Mariæburgo compareant & nomen ſuum apud Noſtram ibi ablegatam Commiſſionem ad Protocollum profiteantur, mandata ſua exhibeant & tunc ſtato tempore in loco adhuc nominando ſe ſiſtant, Nobis ſucceſſoribuſque Noſtris fidelitatis & ſubjectionis jusjurandum præſtent, & Nos pro vero & legitimo Rege & Domino agnoſcant & accipiant. Jubemus ſpeciatim, ut Epiſcopi, Abbates, Prælati, Palatini, Caſtellani, Staroſtæ, Camerarii & Judices terreſtres, ipſi omnes & ſinguli perſonaliter aut per Procuratores ſufficientibus mandatis ad hoc inſtructos, in civitate Mariæburgo compareant; reliqui Ordines vero per certos è medio ipſorum eligendos & ſpeciali mandato munitos ſpectabiles Deputatos ita ibi ſe ſiſtant, ut ex quolibet Diſtrictu quatuor perſonæ Ordinis Nobilium, quatuor Eccleſiaſtici & Parochi, ſex Sculteti è Vicis, è Magiſtratibus cujuſlibet Civitatis vero duo Conſules & unus Syndicus, ad hoc Homagium univerſale delegentur, omnes hi Deputati autem deſignationem accuratam & à Judiciis Terreſtribus ſubſcriptam & judicialiter atteſtatam adferant perſonarum in ſuis reſpective Diſtrictibus, Tractibus & Civitatibus exiſtentium, tam præſentium quam abſentium, Equeſtris Ordinis, Nobilium, Clericorum & perſonarum Magiſtratus cujuſlibet loci, in quarum animam Homagium hoc univerſale per Deputatos mandato inſtructos præſtandum, eamque Commiſſariis Noſtris edant.

Nulli dubitamus, quin quilibet hiſce mandatis Noſtris morem gerat. Si vero quidam incolarum præfatorum, contra expectationem Noſtram, tenori Litterarum harum Noſtrarum patentium refragari audeat, fidelitatis & obedientiæ ſacramentum Nobis præſtare, aut prorſus Dominationi Noſtræ ſe ſubjicere, aut Nos Dominum ſuum agnoſcere detrectet, aut Præfectis & Copiis Noſtris reſiſtere conetur, aut etiam infidelitatis alicujus & inobedientiæ ſe reum vel ſuſpectum reddat, ille ſive illi pro certo habeant, in ipſos, non habita ratione perſonarum, animadverſum iri pœnis in ejuſmodi caſibus conſuetis.

In quorum majorem fidem & ne quis ignorantiam ſuam obtendere poſſit, Litteras haſce patentes, manu Noſtra ſubſcripſimus & Sigillo Noſtro Regio communiri, ubique more ſolito promulgari, etiam typis mandari curavimus. Dabantur Berolini die 13 Septembris 1772.

(L. S.) FRIDERICUS.

Finkenſtein. E. F. DE HERTZBERG.

Exposé des droits de Sa Majesté le Roi de Prusse sur le Duché de Pomérellie, & sur plusieurs autres Districts du Royaume de Pologne, avec les pièces justificatives. 1772.

Pour peu qu'on soit instruit de l'ancienne histoire du Nord de l'Europe, on ne sauroit ignorer que la Couronne de Pologne possède plusieurs Provinces considérables qui, par leur origine primitive, devroient appartenir au corps de l'Etat de la Maison Electorale de Brandebourg, & que cette Sérénissime Maison est en droit de revendiquer en tems & lieu. Telle est :

(I.) *La Pomérellie*, Palatinat de Pologne, qui est situé entre les rivières de la Vistule & de la Notecz ou Netze, la mer Baltique & la Poméranie Brandebourgeoise.

Dès les premiers tems que la possession des Etats a commencé à devenir héréditaire en Europe, ce Duché a été le Patrimoine des Ducs de Slavie & de Poméranie, dans les droits desquels, après l'extinction de cette famille Ducale, les Electeurs de Brandebourg ont ſuccédé comme il eſt notoire. Le public pourra juger, d'un coup d'œil, de l'injuſtice avec laquelle les Souverains de la Pologne ont enlevé la Pomérellie aux anciens Ducs de Poméranie, ſi on lui préſente un précis ſuccinct de l'hiſtoire de ce pays, qu'il ſaudra pourtant reprendre dès ſon origine.

Il eſt connu que, lorſque les Goths, les Vandales, les Francs, les Angles, les Longobards & tant d'autres Nations Germaniques, qui ont détruit l'Empire Romain & fondé preſque toutes les Monarchies modernes de l'Europe, eurent quitté leur ancienne patrie, les bords de la Baltique, de la Viſtule, de l'Oder & de l'Elbe, la Nation Sarmatique des Slaves ou Vénèdes, occupa ces régions abandonnées, & établit entre l'Elbe & la Viſtule, un puiſſant Empire, ſubdiviſé entre pluſieurs Etats, dont le principal fut celui qui comprit la Poméranie moderne, la Pomérellie, la Nouvelle Marche & la Marche Ukeraine. Les Souverains de cet Etat indépendant furent aſſez puiſſans pour être appelés par les anciens Hiſtoriens du Nord (1), *Kongur of*

(1) *Helmold*, *Snorro Sturleſon*, *Oddo*, *Schwartz*, Hiſt. féodale de la Poméranie.

Vindlandi, Rois de la Vénedie. C'est ainsi que Mistevoi & Burislas ou Bogislas, Rois des Vénèdes, ont signalé leurs noms dans l'histoire du dixième siècle. La généalogie certaine & non interrompue des Ducs de Poméranie, ne commence pourtant qu'à Svantibor I, mort en 1107, qui a laissé quatre fils, dont deux ont été fondateurs des deux principales branches des Ducs de Poméranie. Wratislas I, qui fut converti au Christianisme par Otton, Evêque de Bamberg, commença la ligne des Ducs de Poméranie, de Slavie & de Cassubie, établis tantôt à Stettin, tantôt à Wolgast, Demmin ou autre part, qui possédèrent tout le pays, depuis les confins du Mecklenbourg jusqu'à la petite rivière de Grabo, près de la ville de *Slave*, région appelée alors la Slavie & la Cassubie, & y réunirent ensuite le District entre les rivières de Grabo & de Léba, avec le titre de Duc de Poméranie, après l'extinction de la ligne des Ducs de ce nom, établis à Dantzig (1). Cette

(1) Pour se convaincre de la vérité de toutes ces circonstances, on n'a qu'à lire avec attention le Code Diplomatique de Poméranie de feu M. de *Dreger*, dont le tome premier, qui va jusqu'à l'an 1269, est imprimé, les autres tomes sont encore en manuscrit.

première branche, après avoir été ſouvent diviſée & réunie, a duré juſqu'à Bogiſlas XIV, dernier Duc de Poméranie, lequel étant décédé en 1637, ſans héritiers mâles, la ſucceſſion de toute la Poméranie paſſa à la Maiſon Electorale de Brandebourg, en vertu des anciens pactes conclus entre les deux Maiſons. Bogiſlas I, ſecond fils de Svantibor I, fonda la ligne des Ducs de Pomérellie, qui poſſédèrent le pays entre la Grabo, la Viſtule & la Netze (1), ou la Poméranie proprement

Ce recueil d'anciennes Chartes eſt tiré des Archives des Ducs & des Couvens de Poméranie, auſſi-bien que des Archives du Brandebourg & de la Pruſſe, & mérite par conſéquent toute foi.

(1) Cette poſſeſſion ſe vérifie également par le Code Diplomatique de Poméranie. Les limites de la Pomérellie alloient, du tems des anciens Ducs, plus loin qu'aujourd'hui, & s'étendoient juſqu'à la Netze; ce qui eſt non-ſeulement atteſté par les Hiſtoriens de Poméranie. *Micræl.* l. 2, §. 67. Mais la vérité de cette aſſertion ſe prouve auſſi par des circonſtances non conteſtées, telles que l'eſt celle que leſdits Ducs ont long-tems poſſédé & défendu contre les Polonois les Villes de Nakel & de Czarnikow, ſituées l'une & l'autre ſur les rives de la Netze; *Micræl. Bognphal* & *Bazho*, dans le recueil de *Sommerſberg*, tom. I, p. 61, 67, 68; les deux derniers ſont des Hiſtoriens Polonois du treizième ſiècle.

dite (1), ayant la ville de Gdansk ou Dantzig pour résidence, & cette branche fut con-

(1) Quand on examine le Code Diplomatique de Poméranie, on trouve que, vers la fin du douzième siècle, où commencent les Chartes de Poméranie, & au commencement du treizième, les Ducs de Stettin portoient dans leurs Chartes tantôt le titre de Ducs de *Slavie*, tantôt celui de *Poméranie*, tantôt ils réunissoient même les deux titres; dans la seconde moitié du treizième siècle, ils se servoient ordinairement du titre de Ducs de *Slavie* & de *Cassubie*, & n'y ajoutoient que rarement celui de *Poméranie*; mais après l'extinction de la ligne de Dantzig, & sur-tout depuis l'an 1316, après avoir conquis le pays entre la Grabo & la Léba, ils ont constamment ajouté aux titres de *Slavie* & de *Cassubie* celui de *Poméranie*, qui depuis est devenu leur titre principal & celui de tout leur Duché. D'un autre côté, les Ducs de Dantzig, possesseurs du territoire entre la Grabo & la Vistule, s'appeloient presque toujours *Ducs de Poméranie*, & même quelquefois *de toute la Poméranie*. Ces observations combinées vérifient ce qui a été avancé ci-dessus dans le texte; & principalement, que la région entre le Mecklenbourg & la Grabo étoit la Slavie & la Cassubie; que celle depuis la Grabo jusqu'à la Vistule, étoit la Poméranie, & que les Ducs de Slavie ou de Stettin avoient un droit incontestable sur le pays des Ducs de Dantzig ou la Poméranie, lequel ils ont dénoté & conservé, en se servant souvent du titre de Poméranie pendant que la ligne de Dantzig existoit,

tinuée en ligne directe par Subiſlas I (1), Meſtvin I, & Svantepolc juſqu'à Meſtvin II, qui décéda en 1295, ſans héritiers mâles, en ne laiſſant que des filles. Cette ſeconde

& en ſe l'appropriant conſtamment après l'extinction de cette ligne & la conquête d'une partie de ſes poſſeſſions délaiſſées. L'autre partie de la ſucceſſion des Ducs de Dantzig, que les Chevaliers Teutoniques & enſuite les Rois de Pologne ont uſurpée, a auſſi gardé le nom de Poméranie, dans tous les actes publics, juſqu'à nos tems; ce n'eſt que dans la vie commune & abuſivement qu'on l'appelle Pomérellie, dénomination qu'il faudra pourtant garder ici pour diſtinguer ce pays du Duché de Poméranie, que la Maiſon de Brandebourg poſsède déjà depuis la paix de Weſtphalie.

Le nom de *Slaves* étoit le nom général de toute la Nation Vénède, dont les Poméraniens faiſoient une Nation particulière, & a été traduit en Allemand par celui de *Wenden*; ce qui ſe vérifie par la circonſtance que les Souverains de Poméranie, qui, dans les Chartes latines s'appellent *Duces Slavorum* ou *Slaviæ*, y ſubſtituent toujours, dans les Chartes Allemandes, le titre de Ducs des *Vénèdes*, *Hertzoge von Wenden*, obſervation qui doit décider la diſpute littéraire ſur l'origine du titre de *Wenden*, qui ſe trouve dans les titres de la Maiſon de Brandebourg.

(1) Fondateur de la célèbre Abbaye d'Oliva, près de Dantzig, où l'on voit encore les tombeaux & les mauſolées des Ducs de Poméranie de cette branche. *Schütze*, Hiſtoire de Pruſſe.

branche des Ducs de Poméranie étant donc éteinte, leur succession, & par conséquent la possession de Pomérellie, devoit naturellement retomber aux Ducs de Slavie & de Poméranie, de la branche de Stettin, en qualité de plus proches cousins & héritiers collatéraux de Mestvin, dernier Duc de Pomérellie, comme on le prouvera encore plus amplement ci-dessous, pour ne pas interrompre ici le fil de l'histoire; mais ils en furent exclus par les artifices & les forces supérieures de Primislas II, Duc de Pologne, qui parent de Mestvin du côté des femmes, & plus agréable à la Noblesse Vénède de la Pomérellie, par la ressemblance de la langue & des mœurs que les Ducs de Stettin, presque germanisés, avoit trouvé moyen de se faire désigner du vivant de Mestvin II, pour son successeur. A la mort de ce Prince, arrivée en 1295, Primislas s'empara de tous ses Etats & prit, à l'occasion de cette conquête, le titre de Roi de Pologne, n'ayant porté, jusques-là, que celui de Duc. Il fut tué, l'année 1296, par ses compétiteurs, les Margraves de Brandebourg. Uladislas, Loctec & Wenceslas, ses successeurs au Trône de Pologne, continuèrent encore pendant quelque tems, d'usurper la Pomérellie; mais ils en furent dépossédés après l'an 1306, tant par les Margraves de Brandebourg, que par l'Ordre Teutonique, ce qui exige une courte digression. Les Margraves de Brandebourg qui, dès, ou même avant (1) l'association de la Slavie à l'Empire d'Allemagne, laquelle se fit en 1181 ou environ, avoient été établis par les Empereurs, pour Seigneurs *suzerains* des Ducs de Slavie & de Poméranie, & que ces Ducs avoient reconnus pour tels (2), réclamèrent,

(1) V. *Helmold* dans sa Chronique des Slaves, l. I, c. 65.

(2) Cette vérité fortement contestée par les historiens Poméraniens, est à présent constatée par les diplômes d'inféodation, que les Empereurs Frédéric II & Adolfe de Nassau ont donnés, en 1231 & en 1295, aux Margraves de Brandebourg, & dont les originaux se conservent encore dans les Archives de Berlin (*a*). Les Empereurs y confirment expressément aux Margraves de Brandebourg, le fief du Duché de Poméranie, que leurs prédécesseurs avoient obtenu des Empereurs précédens; & il est à remarquer, que le Roi Adolfe le fit en 1295, la même année où mourut le dernier Duc de Pomérellie. Dans cette qualité de Seigneurs suzerains de la Poméranie, les Margraves confirmèrent les privilèges des villes & des couvens de ce

(*a*) On en trouvera une copie exacte parmi les pièces justificatives de cet Exposé, n°. I.

après la mort de Meſtvin II, la poſſeſſion de la Pomérellie, comme d'un fief vacant, qui

pays, & les principales tranſactions qui s'y firent (a). Les Ducs de Poméranie, des deux lignes, reconnurent auſſi ce vaſſelage, comme Barnim I, Duc de Stettin, en 1250 (b), & Meſtvin II, Duc de Pomérellie, en 1269 & 1273, par les tranſactions les plus ſolemnelles (c). Mais, comme les Ducs de Poméranie ſupportoient impatiemment d'être ainſi ſubordonnés aux Margraves de Brandebourg, ce droit de Suzeraineté a été changé enſuite, par des conventions, en droit de ſucceſſion. Sans vouloir entrer dans le détail de cette fameuſe conteſtation, qui a cauſé tant de guerres pendant deux ſiècles, & ſur laquelle pluſieurs écrivains recommencent ſouvent, ſans néceſſité, une guerre de plume, on ſe contente d'en alléguer ici l'eſſentiel, pour vérifier la juſte induction, que ni les Ducs, ni les Etats de Pomérellie ne pouvoient donner cette province aux Polonois, au préjudice des Seigneurs ſuzerains, les Margraves de Brandebourg. Les Empereurs avoient ſans doute établi ces Margraves pour Seigneurs ſuzerains de la Slavie, afin de contenir d'autant mieux les Princes Vénèdes nouvellement aſſujettis & trop éloignés du centre de l'Empire. En général, les Margraves de Brandebourg furent, dès les premiers tems,

[a] *Voyez* le Code Diplomatique de Poméranie, tom. I, p. 224, 387, 544.

[b] *Ibid.* p. 324, 335.

[c] *Ibid.* p. 546. Code Diplomatique de Brandebourg, publié par M. *Gerike*, tom. I, p. 208, 210, 249.

leur étoit dévolu ; ils firent aussi la guerre pour cet effet, au Roi de Pologne Primislas II, qu'ils tuèrent en 1296 ; mais ce ne fut qu'après l'an 1306, qu'ils parvinrent à déloger les Polonois de la plus grande partie de la Pomérellie, excepté de la ville de Dantzig, & ils ne firent aussi cette conquête que pour la céder bientôt après à l'Ordre des Chevaliers Teutoniques. Ces Chevaliers ayant été chassés de la Palestine par Saladin, allèrent s'établir en Allemagne & ensuite en Pologne, où les Ducs de Masovie les appelèrent à leur secours contre les Prussiens payens. Après avoir fait, dans le treizième siècle, la con-

égaux aux quatre Grands Ducs d'Allemagne ; savoir : ceux de Saxe, de Bavière, de Suabe & de Franconie, & ils jouèrent, pendant le douzième & le treizième siècle, dans toutes les guerres & affaires du Nord, un rôle, sinon supérieur, du moins égal à celui des Rois leurs voisins. C'est ainsi que Valdemar, Margrave de Brandebourg, combattit à la fois & avec succès, toutes les Puissances du Nord & fut trouvé assez redoutable pour que les Rois de Suède, de Danemarck, de Norvège, de Pologne & de Hongrie, les Ducs de Poméranie, de Mecklenbourg & d'autres Princes & villes considérables, se liguassent contre lui, comme on peut le voir par le Traité d'Alliance de ces Princes, de l'an 1315, que le Chancelier *Huitfeld* a publié dans son Histoire de Danemarck.

quête de toute la Prusse, ils jetèrent bientôt leurs vues ambitieuses sur les pays voisins, & en particulier sur la Poméranie. Ratibor & Sambor, Princes cadets de la Maison Ducale de Pomérellie, étant entrés dans l'Ordre Teutonique, & lui ayant légué leur héritage, le Duc Mestvin II fut obligé de céder à l'Ordre en 1282, la ville & le territoire de Mève (1). Après la mort du Duc Mestvin II, les Chevaliers Teutoniques assistèrent les Polonois contre les Margraves de Brandebourg; mais ayant été admis à Dantzig pour concourir à défendre cette ville, ils en chassèrent la garnison Polonoise; & pour se procurer des titres plus forts sur la Pomérellie, ils s'accommodèrent avec le Margrave Valdemar; de sorte que ce Prince leur vendit, par un Traité conclu en 1311, au prix de dix mille marcs d'argent, & de la participation à leurs bonnes-œuvres, une grande partie de cette Pomérellie; savoir : les villes de Dantzig, de Dirschau & de Svecz, avec les territoires y appartenans (2), en gardant pour lui le District de Lauenbourg, Butov, Stolpe & Slave,

(1) Code Diplomatique de Pologne, du frère *Dogiel*, t. IV, p. 31, 32.

(2) Code Diplomatique de Pologne, t. IV, p. 39.

ou

ou la région ſituée entre les rivières de Léba & de la Grabo (1). Après s'être ainſi emparé de la plus grande partie de la Pomérellie, l'Ordre ne tarda pas auſſi à en acquérir le reſte par de pareilles voies, comme par la ceſſion des Rois de Bohême, qui prétendoient à la Couronne de Pologne, & par l'achat de terres nobles. Les Rois de Pologne continuèrent à lui conteſter cette province, auſſi bien que celles de Culm & de Michelow, qu'ils prétendoient avoir été démembrées de la Pologne, d'où réſultèrent ces guerres ſanglantes qui, recommencées auſſi-tôt que finies, ont duré plus d'un ſiècle. Les Chevaliers ſe défendirent long-tems & ſi bien, que les Rois de Pologne furent obligés de renoncer non ſeulement à la poſſeſſion, mais auſſi au titre de la Pomérellie, par un grand nombre de Traités de paix, dont les plus remarquables ſont ceux de 1343 & de 1436, qui ſont qualifiés d'éternels; mais à la fin, preſque toute

Codes Diplomatiques de la Pruſſe & de la Poméranie en Manuſcrit.

(1) *Voyez* dans le Code Diplomatique de Poméranie, le Traité de démarcation de 1313, & un grand nombre de Chartes que Valdemar a fait expédier dans ce Diſtrict, après la vente ſuſdite.

la Pruſſe s'étant révoltée, en 1453, contre l'Ordre Teutonique, à l'inſtigation des Polonois, qui ne balancèrent pas à rompre à toute occaſion leurs traités de Paix éternels, il s'enſuivit une guerre malheureuſe pour l'Ordre, qui fut terminée par le traité de Paix de Thorn, conclu en 1466, par lequel l'Ordre Teutonique fut obligé de céder à Caſimir, Roi de Pologne, les Diſtricts de Marienbourg, de Culm, de Michelow & de Pomérellie, en ne gardant pour lui, à titre de fief de la Pologne, que la partie de la Pruſſe, qui a été tranſmiſe enſuite par le Traité de 1525, conclu entre le Roi Sigiſmond & le Margrave Albert, dernier Grand-Maître de l'Ordre, à la Maiſon de Brandebourg, & qu'elle poſsède encore. Les Rois de Pologne ont depuis poſſédé les Diſtricts ſuſmentionnés & en ont formé des Palatinats, qui portent encore aujourd'hui les noms de Palatinats de Marienbourg, de Culm & de Poméranie, comme on appelle toute cette province la Pruſſe Polonoiſe.

Ce précis de l'hiſtoire de la Pomérellie, que tout connoiſſeur trouvera conforme à la plus exacte vérité, & fondé ſur la foi des Hiſtoriens les plus accrédités & des chartes de monumens antiques qui, seuls, doivent servir de guide dans l'histoire ténébreuse du moyen âge (1), pourroit suffire pour convaincre le public impartial, de l'injustice avec laquelle les Chevaliers Teutoniques, & ensuite les Rois de Pologne, ont usurpé la Pomérellie sur les Ducs de Poméranie; on ajoutera cependant encore quelques observations détachées & des argumens propres à fortifier cette assertion & à écarter tout sujet de doute. Il faut commencer par répéter ici que, lorsque Mestvin II, Duc de Poméranie, de la ligne de Dantzig, mourut en 1295, sans descendans mâles, les Ducs de Slavie & de Poméranie, Bogislas & Otton, établis l'un à Stettin & l'autre à Wolgast, étoient ses plus proches cousins & parens collatéraux, comme issus

(1) On pourroit munir chaque passage de citations, mais comme il en résulteroit une trop grande prolixité, il suffira d'indiquer ici en général, que ce précis est tiré de quatre *Codes Diplomatiques* ou Recueils des Chartes de la Pologne, de la Prusse, de la Poméranie & du Brandebourg, de la chronique de Prusse, écrite par *Schütze* sur la foi des Archives de Dantzig, de la Chronique d'Oliva & des Historiens Poméraniens, *Klemzeu*, *Kanzow*, *Micrælius* & *Schwartze*, dont le dernier a écrit avec beaucoup d'exactitude, & a muni son histoire de toutes les preuves & citations nécessaires.

d'une tige commune savoir : de Svantibor I (1).

(1) Une Table généalogique sera fort propre à répandre du jour sur la succession des Ducs de Pomérellie.

Svantibor I, Duc de Poméranie & de Slavie † en 1107.

- Wratislas I, Duc de Slavie, † en 1136.
  - Bogislas I, † en 1187.
    - Bogislas II. † en 1222.
      - Barnim I. † en 1278.
        - Bogislas III, D. de Wolgast † en 1309.
          - Wratislas IV. † en 1326. duquel descendent tous les Ducs de Poméranie suivans, jusqu'au dernier Duc Bogislas XIV. † en 1637.
        - Otton I, D. de Stettin † en 1345.
- Bogislas I, Duc de Pomérellie, † 1150.
  - Subislas † 1187.
    - Mestvin I. † 1220.
      - Svantepolc. † en 1266.
        - Mestvin II, dernier Duc de Pomérellie. † en 1295, sans fils.
          - des Princesses.
      - Sambor.
      - Ratibor.
      - Hélene. — Uladislas, Duc de Pologne.
        - Primislas I.
          - Primislas II, Duc & ensuite Roi de Pologne † en 1296.
    - Une fille mariée à Barnim I, Duc de Slavie.

Cette Table généalogique se conserve depuis plus

Ils devoient donc lui succéder selon l'ordre de la Nature, & celui de la succession féodale, établi & usité dans la plupart des principautés, & particulièrement dans le Duché de Poméranie ; ils devoient, par conséquent, exclure aussi tout autre prétendant du côté des femmes ou par d'autres chefs. Ce parentage & cet ordre de succession étoient si peu douteux dans ce tems-là, que le dernier Duc de Pomérellie, Mestvin II, ne balança pas de reconnoître & de confirmer lui-même l'un & l'autre, par un Traité solemnel, de l'an 1264, dans lequel il nomme Barnim I, Duc de Stettin, son *Consanguin* (*Consanguineum*, issu du même sang), & lui assure, après sa mort, la succession non-seulement du Territoire de Suecz, qui faisoit alors son apanage, mais aussi celle de tous les autres Etats qui devoient lui revenir après la mort de son père, le Duc régnant Svantepolc, & de ses

de deux siècles, dans les Archives de Stettin & de Berlin; elle est fondée sur l'aveu de Mestvin II, sur la foi d'un grand nombre de Chartes & sur le témoignage unanime des Historiens de Poméranie, dont plusieurs, tels que *Klemzen*, *Kantzow* & *Eickstæd*, sont du seizième siècle, & ont écrit sur la foi des Archives de Poméranie.

frères, & par conſéquent de toute la Pomérellie, ne s'en réſervant que la jouiſſance pendant ſa vie (1). Les Etats de la Pomérellie étoient auſſi tellement perſuadés du droit de la ſucceſſion éventuelle des Ducs de Stettin, que plusieurs d'entr'eux, & particulièrement les Abbayes d'Oliva, de Sarnowitz & de Buccow, ſituées dans le Territoire du Duc de Meſtvin, ſe firent confirmer d'avance, de ſon vivant & avec ſon conſentement, leurs privilèges & leurs poſſeſſions par les Ducs de Stettin, qui appellent dans ces mêmes Chartes le Duc Meſtvin, *Cognatum* leur couſin; ce qui prouve de nouveau leur conſanguinéité avec lui, tout comme la confirmation des poſſeſſions des Couvens ſitués dans les Etats du Duc Meſtvin auroit été ſans but & ſans effet & n'auroit pas été approuvée par ce Prince, ſi lui, auſſi bien que les Etats de ſon pays, n'avoient pas regardé les Ducs de Stettin

(1) Cette Charte qui ſe trouve déjà imprimée dans le Code Diplomatique de Poméranie, t. I, p. 477, mérite d'être inſérée en entier à la ſuite de cet exposé, parmi les Pièces juſtificatives N°. II. Meſtvin y eſt appelé Duc de Svecz de l'endroit de ſon apanage, parce que ſon pere Svantepolc, Duc de Pomérellie, vivoit encore.

comme ses légitimes successeurs éventuels (1). Ces Ducs avoient donc un double droit de succéder, en Pomérellie, celui du sang & celui de la convention faite avec Mestvin II, *ex Providentia majorum & ex pacto* : & ils tâchèrent aussi de le conserver & de se l'assurer d'avance, en se servant souvent du titre de Ducs de Poméranie, du vivant de ceux de Pomérellie (2). Malgré tant de titres respectables, les Ducs de Stettin furent privés, par les Polonois, de la succession de Mestvin II, sans qu'on en sache les véritables circonstances, par l'éloignement des tems, & faute de Chartes & de bons Auteurs contemporains. Les Historiens de la Poméranie (3) racontent que Mestvin II, se voyant sans fils, avoit convoqué, quelques années avant sa mort, la Noblesse de la Pomérellie, pour se désigner un successeur, & leur avoit fortement recommandé ses cousins, les Ducs de Stettin ; mais que cette Noblesse, qui étoit

(1) *Voyez* les Chartes de 1266 & 1268 dans le Code Diplomatique de Poméranie, t. I, p. 501, 512 530, & sur-tout celle de 1291, qui se trouve ici parmi les Pièces justificatives, N°. III.

(2) *Voyez* ci-dessus la Note, p. 74.

(3) Micrælius, p. 185. Eickstædt, Kantzow, &c.

encore toute Vénède, & qui avoit été gagnée par les corruptions du Palatin Svenzo, en faveur du Duc de Pologne, lui avoit déclaré qu'un Prince Polonois, avec lequel ils avoient la même langue & les mêmes mœurs, leur convenoit mieux que les Ducs de Stettin, qui avoient adopté les mœurs & la langue des Allemands, & qui avoient chassé ou opprimé leurs confrères Vénèdes; qu'en conséquence ladite Noblesse avoit élu pour son Souverain futur le Duc de Pologne Primislas II, & que Mestvin II avoit eu la foiblesse d'y acquiescer. *Dlugosse* (1), Historien Polonois, du quinzième siècle, d'ailleurs très-fabuleux, avance de même que Mestvin II, se voyant sans enfans, avoit nommé pour son successeur le Duc Primislas de Pologne, à cause de son parentage, & parce qu'il étoit de la même Nation. Si ce récit des Historiens de Poméranie & de Pologne, qui d'ailleurs n'est fondé ni sur aucun Auteur contemporain, ni sur des documens, mais seulement sur une tradition vague, étoit exactement vrai, il n'en résulteroit pourtant aucun droit aux Polonois sur la Pomérellie, puisque ni les États

(1) Livre VII, année 1290.

de ce Pays, ni le Duc de Meſtvin, ne pouvoient, par leur choix, déroger aux droits du ſang & de convention antérieurs & plus forts qu'avoient les Ducs de Stettin, ni à la Suzeraineté reconnue des Margraves de Brandebourg. La reſſemblance de leur langue & de leurs mœurs avec celles des Polonois, ne pouvoit en fournir une raiſon légitime, non plus que le parentage du Duc de Pologne avec le Duc Meſtvin, lequel, très-éloigné, & ne venant que du côté des femmes, ſelon la généalogie ſuſdite, devoit toujours céder aux droits des collatéraux maſculins, les Ducs de Stettin, ou même, ſi la ſucceſſion féminine avoit pu avoir lieu, au parentage & au droit moins éloigné des filles du Duc Meſtvin II (1). Auſſi les Rois de Pologne ſe ſont-ils ſi peu fiés à ces titres de parentage & d'élection volontaire, qu'on ne trouve pas qu'ils les aient fait valoir dans les conteſtations qu'ils eurent enſuite avec l'Ordre Teutonique ſur la Pomérellie. Mais lorſque le Roi Caſimir eut

(1) Il ſeroit ſuperflu d'examiner ici à qui les filles du Duc Meſtvin II ont été mariées, puiſqu'elles n'ont pas prétendu à la ſucceſſion des Etats de leur Pere. Selon les Chartes, une a eu pour mari Pribiſlas, Seigneur de Belgard.

à produire ses titres, & à les débattre dans les Conférences de Paix tenues à Thorn, en 1464, devant l'Evêque de Lubec, comme médiateur, tout ce que les Commissaires Polonois alléguèrent, se réduisit à ce que *Lech*, le Fondateur de la Monarchie Polonoise, avoit peuplé la Pomérellie, comme la Pologne; que les Villes & les Villages de ce Pays avoient des noms Polonois, & que les Evêques de Pologne y jouissoient du droit diocésain (1). Des raisons si foibles méritent à peine d'être réfutées (2). Les Polonois ne pourront aussi jamais prouver, par de bons Auteurs contemporains, ou par des Chartes authentiques,

(1) *Schütz*, dans la Chronique de Prusse, f. 313, a exposé au long, & d'après les actes cette déduction des Polonois aussi bien que la réponse de l'Ordre.

(2) Les connoisseurs de l'Histoire sont convaincus, que le conte de Lech n'est qu'une tradition fabuleuse d'Auteurs très-récens, ce que reconnoissent même les meilleurs Historiens Polonois, tels que *Lengnich*, Hist. Polon. p. 5; & quand il seroit fondé, il n'en sauroit résulter un droit de succession sur un pays, non plus que de la ressemblance des noms des endroits, ou du droit diocésain des Evêques; la Hongrie, la Bohême & d'autres pays se trouveroient dans le même cas; de sorte que ce raisonnement prouve trop, & porte par conséquent à faux.

que les derniers Ducs de Pomérellie ont été vassaux de la Pologne, ni en dériver la succession de Primislas II (1). *Dlugosse*, & les

(1) Les Historiens Polonois, tels que *Kadbluko*, *Boguphal*, *Baxko*, qui sont du treizième siècle, *Dlugosse* du quinzième, & ceux qui les ont copiés, racontent avec beaucoup d'emphase & de détail, que les Rois de Pologne du dixième & onzième siècle, sur-tout Boleslas Krzivousti, avoient subjugué toute la côte maritime de la Baltique & conféré la Poméranie, à titre de Vasselage, à des Princes de la famille des *Griffons*, nommés *Crac & Bogislas*, & ensuite même à Svantepolc II, qui s'étoit révolté ensuite; mais ces Historiens sont trop éloignés du tems dont ils parlent, pour faire preuve; les circonstances qu'ils rapportent, sont ouvertement fabuleuses, comme toute l'histoire ancienne de Pologne, & ne sauroient se concilier ni avec les Historiens contemporains, ni avec les Chartes, où l'on ne trouve aucune trace ni de ces noms barbares des *Griffons* & de *Crac*, ni d'aucun Vasselage des Ducs de Poméranie envers la Pologne, sur-tout après que ces Ducs avoient été associés en 1181 à l'Empire d'Allemagne & subordonnés en quelque façon aux Margraves de Brandebourg. (v. la note 2, p. 77.) Il est plutôt constaté par la suite des Chartes dans le *Code Diplomat. de Poméranie* & par les monumens d'Oliva rapportés dans la *Chronique d'Oliva* & dans celle de *Schütze*, que tous les Ducs de Poméranie, depuis Svantibor I, & surtout ceux de Pomérellie, depuis Subislas I, se sont succédés dans une ligne non interrompue, selon la Table

meilleurs Historiens Polonois, ne l'ont fondée que sur la libre élection des Etats du Pays, sans oser réclamer le titre de la Suzeraineté

généalogique rapportée dans la note, p. 84, & par le droit du sang, sans aucune intervention des Souverains de la Pologne. Si ceux-ci ont quelquefois tenté de s'assujettir les Ducs de Pomérellie, ils y ont très-mal réussi, selon les propres Historiens Polonois; au contraire les Ducs de Pomérellie furent la plûpart du temps heureux dans leurs guerres fréquentes avec les Polonois; & lorsque Lescon, Duc de Pologne, fit citer le Duc Svantepolc II, comme son Vassal, à la diète de Gansava, en 1227, celui-ci comparut avec une armée, battit les Polonois & tua même le Duc Lescon (v. *Boguphal* dans le Recueil de *Sommersberg*, tom. II, p. 7.), & depuis ce tems-là, Svantepolc II, aussi-bien que son successeur *Mestvin II*, ont toujours agi & négocié en Princes indépendans & égaux à ceux de Pologne, comme on peut voir par un grand nombre de leurs Chartes, dans le *Code diplomat. de Poméranie*, dont on ne citera que le Traité de Paix fait en 1248, avec l'Ordre Teutonique (p. 270), & le traité conclu en 1256, avec Primislas, Duc de Pologne, sur la possession de Nakel, selon les Annales de *Bazkon*, dans *Sommersberg*, t. II, p. 68. Voyez aussi *Schwartz*, dans son *Histoire féodale de Poméranie*, p. 70, 168. Comme il a d'ailleurs été prouvé que les derniers Ducs de Pomérellie ont été incontestablement vassaux des Margraves de Brandebourg, ils ne pouvoient pas en même tems être Feudataires de la Pologne. Le Compilateur du Code Diplomatique de des Rois de Pologne ſur la Pomérellie : & ſi ces Rois avoient même eu cette Suzeraineté, ce qu'on n'accorde pas, ils n'en auroient pas eu plus de droit de priver les Ducs de Stettin de la ſucceſſion de leurs couſins collatéraux; ils auroient pu exiger l'hommage, mais non la ſucceſſion de la Pomérellie.

Si la Couronne de Pologne vouloit alléguer que, par le Traité de Paix de 1466, & par les ceſſions que l'Ordre Teutonique lui a faites, elle étoit entrée dans les droits de cet Ordre, qui avoit acquis la Pomérellie, tant par les legs & les ceſſions des anciens Ducs, que par la vente des Margraves de Brandebourg, on lui répond que l'Ordre Teutonique n'a pu tranſporter à la Couronne de Pologne des droits plus forts que ceux qu'il avoit lui-même, & que ceux-ci n'étoient d'aucune

Pologne produit à la vérité des exemples d'hommages prêtés par quelques Ducs de Poméranie à la Pologne; mais ces exemples ſont du quinzième ſiècle & de beaucoup poſtérieurs au tems de la ſucceſſion de Meſtvin II. Il paroît auſſi que cet hommage n'a été que temporaire, perſonnel & relatif à la guerre que les Polonois avoient alors avec les Chevaliers Teutoniques, ou aux petites poſſeſſions de quelques Princes apanagés, qui par leur exemple n'ont pas pu obliger les Ducs régnans de Stettin.

valeur, puiſque ni les Margraves de Brandebourg, ni les Ducs de Pomérellie, ne pouvoient céder ni vendre la Pomérellie au préjudice des ſucceſſeurs légitimes les Ducs de Poméranie.

On a donc fait voir que les Rois de Pologne n'ont acquis aucun titre valable ſur la Pomérellie, ni à la mort du dernier Duc Meſtvin, ni dans la ſuite du tems, & que les Ducs de Stettin étoient & reſtoient toujours les ſucceſſeurs légitimes des Ducs de Pomérellie. Mais quelque inconteſtables que fuſſent leurs droits ſur cette ſucceſſion, ils n'avoient pas aſſez de force pour les faire valoir contre la puiſſance des Margraves de Brandebourg, de l'Ordre Teutonique, & de la Pologne, & ils furent réduits à les abandonner, & à ſe retrancher ſur de ſimples proteſtations. Cependant ils n'ont pas laiſſé de ſaiſir toutes les occaſions qui ſe ſont préſentées, pour revendiquer, autant que poſſible, de la Pomérellie. Après la mort de Meſtvin, Bogiſlas IV, Duc de Stettin, occupa le Diſtrict de Rugenwalde, & battit les Polonois près du Couvent de Bukow, en 1298. La déſunion, qui déchira alors la famille Ducale de Stettin, au ſujet de la ſucceſſion de

Barnim II, l'empêcha de ſoutenir ou de pouſſer plus loin ſes droits ſur l'héritage des Ducs de Dantzig. Cependant on trouve que les Ducs de Stettin ont ſoutenu, en 1306 & 1308, une guerre très-forte, en Pomérellie, contre les Margraves de Brandebourg. Mais le puiſſant Valdemar, qui faiſoit tête à tout le Nord, n'avoit point de peine à maintenir la Pomérellie contre ces Ducs. Lorſque ce Prince eut la foibleſſe de vendre à l'Ordre Teutonique une partie de la Pomérellie, il garda pour lui le Diſtrict entre la Léba & la Grabo, où le territoire de Lauenbourg, Butow, Stolpe, Slave & Rugenwalde (1). Wratiſlas, Duc de Slavie, ou de Stettin, trouva moyen de conquérir, depuis 1313 & 1317, ſoit par les armes, ſoit par des conventions, ce même Diſtrict (2), qui, depuis ce tems-là, eſt reſté

(1) Voyez la note 1, p. 81.

(2) Outre le témoignage des Hiſtoriens Poméraniens, ce fait ſe vérifie par les Chartes, les Priviléges & tous les Actes publics de ce pays-là, qui, depuis cette époque, ſont tous expédiés au nom des Ducs de Slavie. Ce Duc Wratislas poſſéda auſſi le territoire de Butow, & le donna en 1321 à ſon Maréchal de Cour de Behr, qui l'a vendu enſuite à l'Ordre Teutonique. Cet Ordre a ainſi de nouveau & injuſtement démembré de la Pomeranie le diſtrict de Butow, ainſi que celui de Lauen-

ſous la domination des Ducs de Poméranie. Ce fut au même tems que tous les Ducs de Slavie, tant ceux de Stettin que de Wolgaſt, commencèrent à reprendre, dans leurs Chartes, le titre de Duc de Poméranie, qu'ils avoient négligé pendant un ſiècle, & de l'ajouter à celui de Slavie & de Caſſubie, tant pour marquer la poſſeſſion qu'ils ont repriſe d'une partie de la Pomérellie, que pour conſerver, par ce titre, leur droit ſur le reſte de cette Province, qui leur étoit détenu. Ils n'ont eu depuis ni les forces ni les occaſions de revendiquer leurs droits ſur la Pomérellie ; mais ils n'y ont jamais expreſſément renoncé : &

bourg. Lorſque Caſimir, Roi de Pologne, voulut faire la conquête de la Pomérellie, il donna les diſtricts de Lauenbourg & de Butow, en 1453, à Eric, Duc de Poméranie, pour s'aſſurer l'aſſiſtance de ce Prince, & le Roi Sigiſmond I les donna, en 1526, à perpétuité & héréditairement à George & Caſimir, Ducs de Poméranie, tant à cauſe de l'aſſiſtance ſuſdite du Duc Eric, que parce que ces Ducs lui avoient remis 14000 ducats de la dot de leur mère, qui étoit ſa ſœur. *Voyez* le Code Diplomatique de Pologne, tom. I, p. 574 & 583 de ſorte que les Ducs de Poméranie ont obtenu à titre onéreux la poſſeſſion des diſtricts de Lauenbourg & de Butow, laquelle a été tranſportée enſuite à la Maiſon de Brandebourg, par le traité de Bidgoſt de l'an 1657.

comme

comme la possession des Polonois a été vicieuse, dès son origine, les Ducs de Poméranie ont transmis leurs droits à leurs successeurs les Electeurs de Brandebourg. Il est connu que le droit de Suzeraineté ou de supériorité féodale, que les Margraves de Brandebourg ont eu autrefois sur la Poméranie, ayant été changé par les Traités ou unions héréditaires, de 1338 & de 1529, en expectative ou droit de succession éventuelle, & Bogislas XIV, dernier Duc de Poméranie, de l'ancienne ligne Vénède, étant mort l'an 1637, sans descendans, les Electeurs de Brandebourg, comme ses héritiers universels, ont succédé dans le Duché de Poméranie, à l'exception de la partie qui en a été cédée à la Couronne de Suède par le Traité de Westphalie, & ont par conséquent hérité tous les droits & toutes les prétentions légitimes des anciens Ducs de Poméranie. Il en résulte que le Roi, comme Electeur de Brandebourg & Duc de Poméranie, est fondé à revendiquer, en tems & lieu, les droits que ses prédécesseurs, les Ducs de Poméranie, ont eus, de tout tems, sur la Pomérellie.

Si on vouloit objecter que les anciens Margraves avoient vendu la Pomérellie à l'Ordre

Teutonique, & que Sa Majesté ne sauroit revenir d'une vente faite par ses prédécesseurs, on peut répondre que ces Princes ont vendu les droits qu'ils avoient, comme Margraves de Brandebourg, mais qu'ils n'ont pu ni voulu vendre d'avance des droits différens, que leurs successeurs ont acquis, long-tems après, par la succession des Ducs de Poméranie, lesquels droits étoient de beaucoup plus forts que ceux que les anciens Margraves de Brandebourg ont fait valoir sur la Pomérellie. Il y a même des argumens très-forts à alléguer contre la validité ou l'obligation permanente de la vente susdite. Les Margraves, Valdemar & Jean, l'ont faite dans la concurrence du Margrave Henri, qui vivoit alors; ils n'en ont reçu de prix que dix mille marcs, & ils ont donné l'excédent à l'Ordre Teutonique, dans la vue de participer à ses bonnes œuvres, selon la teneur du Diplôme de vente, & de l'aveu que l'Ordre en a fait lui-même dans ses contestations avec les Polonois (1). Or, comme cette raison de la vente est venue à cesser; comme les anciens Margraves de Brandebourg ont bien voulu céder leurs droits

(1) *Schütz* Chronique de Prusse, fol. 315.

à l'Ordre Teutonique, mais non pas aux Polonois; comme ceux-ci n'ont acquis la Pomérellie que par la violence, & sans aucun titre, les Electeurs de Brandebourg, de la Maison de Zollern, qui sont successeurs particuliers, & non héritiers universels des anciens Margraves de la Maison d'Ascanie, ou d'Anhalt, & qui par conséquent ne sont pas obligés à remplir tous les engagemens de ceux-ci, peuvent reprendre & faire revivre les anciens droits sur la Pomérellie, qui sont inhérens à l'Electorat de Brandebourg, & n'ont pu être aliénés validement, sans un équivalent suffisant. En partant de ces prémisses, & de tous les principes qu'on vient d'établir, le Roi, qui réunit la double qualité d'Electeur de Brandebourg & de Duc de Poméranie, peut, avec justice, revendiquer la Pomérellie, par deux titres également respectables; savoir, par le droit de succession des anciens Ducs de Poméranie, après l'extinction de leurs cousins les Ducs de la ligne de Dantzig, dont ils ont été privés injustement, & par le droit de Suzeraineté & de supériorité féodale des anciens Electeurs de Brandebourg, sur la Pomérellie, qui doit revivre, dès que la vente de ce Pays, faite à l'Ordre Teutonique, eſt venue à ceſſer : & au moyen de ces deux titres, le Roi peut réunir & conſolider le Fief avec le Domaine direct, à l'égard du Duché de Pomérellie.

II. Si l'injuſtice, avec laquelle les Polonois poſſèdent la Pomérellie eſt grande, elle ne l'eſt pas moins à l'égard *du Diſtrict approprié à la Grande-Pologne, qui eſt ſitué entre les rivières de la Drawe, ou Drage, de la Netze, & de la Kuddo* (1), dans lequel ſe trouvent les Villes de Tucz, de Krone, de Friedland, de Filehne, de Slop, &c. Ce Diſtrict conſidérable a inconteſtablement appartenu, dans le quatorzième & le quinzième ſiècle, aux Margraves de Brandebourg & à la Nouvelle-Marche. Il exiſte, dans les Archives de l'Evêché de Poſnanie, une Charte très-remarquable, de l'an 1312, par laquelle Valdemar & Jean, Margraves de Brandebourg, tranſigent avec l'Evêque de Poſnanie, ſur les dîmes du territoire ſitué entre la Drawe, la Netze & la Kud-

(1) Cette petite rivière, qui ſe trouve dans quelques Cartes, ſans nom, prend ſon origine près de la ville de Neuſtettin, ſépare la Poméranie & la Pomérellie, & tombe enſuite dans la Netze, près de la ville d'Uſcie.

dow (1). Toute la teneur de cette Charte fait voir que le Diſtrict ſuſnommé, qui y eſt clairement & expreſſément déſigné, avec les rivières & les Villes ſuſdites, étoit alors ſous la domination non conteſtée des Margraves de Brandebourg, de l'aveu de l'Evêque de Poſnanie, un des premiers Sénateurs de la Couronne de Pologne. En 1345, Louis de Bavière, Electeur de Brandebourg, a donné à l'Ordre de Saint-Jean la Ville de Tempelbourg, ſituée alors dans le même Diſtrict (2). Les Archives de Berlin contiennent auſſi un Regiſtre original de toutes les Villes & des Villages de la Marche de Brandebourg, fait en 1373, par ordre de l'Empereur Charles IV & de ſon fils Wenceſlas, Roi de Bohême, lorſqu'ils acquirent la Marche de Brandebourg. Dans ce Regiſtre, on trouve les Villes de Tucz, Krone & Friedland, expreſſément ſpécifiées comme faiſant partie de la Nouvelle-

(1) Cette Charte ſe trouve entière parmi les pièces juſtificatives, N°. IV.

(2) *Voy.* le Code Diplomatique de Brandebourg, t. III, p. 244, où l'on trouve encore d'autres Chartes, qui prouvent que la ville d'Ucz & d'autres places de cette contrée appartenoient au Brandebourg, page 168, 184.

Marche, & appartenantes pour la propriété à la famille de Wedel. Sigifmond de Luxembourg & de Bohême, Roi de Hongrie, & Electeur de Brandebourg, ayant vendu la Nouvelle-Marche à l'Ordre Teutonique, l'an 1402, pour soixante-trois mille florins d'or, à titre de rachat (1), Uladiflas Jagellon, Roi de Pologne, promit à l'Ordre Teutonique, après le Traité de Paix de Raczenz, par un Inftrument de l'an 1405, qu'il obferveroit les limites entre la Grande-Pologne & la Nouvelle-Marche, telles que l'Ordre les avoit trouvées lors de fon acquifition, & comme elles avoient fubfifté depuis les tems anciens (2). Malgré un engagement fi folemnel, le Roi Jagellon ne laiffa pas de contefter les

(1) Dans le Code Diplomatique de Pologne, t. I, p. 596, il fe trouve un inftrument de l'an 1402, felon lequel Sigifmond auroit hypothéqué la Nouvelle-Marche au Roi Jagellon; mais ce n'a été qu'un projet, qui n'a pas eu lieu, puifque, par un acte poftérieur de l'an 1402, dont l'original exifte dans les Archives de Berlin, Sigifmond a réellement vendu la Nouvelle-Marche à l'Ordre Teutonique, qui l'a auffi poffédée jufqu'à l'an 1454.

(2) Cet Acte, dont l'original eft confervé dans les Archives de Berlin, fe trouve parmi les pièces juftificatives de cet Expofé, N°. V.

anciennes limites de la Nouvelle-Marche, & de vouloir étendre celles de la Pologne. L'Ordre Teutonique se vit obligé, dans les Traités de Paix de 1422 & de 1436, de remettre la décision de ce différend, & le règlement des limites entre la Pologne & la Nouvelle-Marche, à certains Commissaires & Arbitres. Quand on examine avec attention le Traité de 1436, & qu'on le compare avec celui de 1349, on y voit clairement *que la limite litigieuse entre la Pologne & la Nouvelle Marche commençoit là où finit la limite de la Cujavie & de la Pomérellie, telle qu'elle est marquée encore sur les cartes modernes; que par conséquent les prétentions de la Nouvelle-Marche alloient dès-lors jusqu'à la riviere de Kuddow, & même au-delà, & que ses limites certaines commençoient à l'entrée des rivieres de Birzwennik & de la Netze* (1).

(1) Pour mieux juger de la solidité de cette assertion, on rapportera ici le passage du Traité de 1436, qui est imprimé dans le Code Diplomatique de Pologne, t. IV, p. 125.

Medius fluvius Vistula erit limes inter Regnum Poloniæ & Terras Magistri & Ordinis Prussiæ — usque quo medietas Vistulæ tanget locum, quem quondam Casimirus Rex cum Magistro Prussiæ dicto

L'arbitrage, établi dans ce Traité, n'eut pas lieu. La guerre recommença quelque tems

Dusmar, inter terras Bidgostienses & Pomeraniæ, certis litteris & signis notabilibus limitavit. — Item incipiendo ab eo loco in quo prædicti limites per Casimirum Regem Poloniæ & Magistrum Prussiæ facti & in eorundem litteris expressi terminantur & desinunt, in procedendo ulterius usque ad introitum fluminis Nothecz sive Biersviennik, observabimus istum modum & ordinem : Quod si de prædictis limitibus poterint bonæ famæ tres homines pro parte nostra & Coronæ, & tres pro parte Magistri & Ordinis electi, visis utriusque Partis litteris, juribus & possessionibus, & aliis legitimis documentis concordare, stabunt limites taliter concordati ; ubi autem non possent electi illi homines bonis modis concordare, ex tunc sortes ab utraque Parte mittantur, quamcumque autem Partem sors contigerit, sic emissa Pars reliqua, quam sors ipsa non tetigit, debet sex Personas quas placebit, de Parte prædicta eligere, quæ Personæ sic electæ, postquam juramento corporali limites inter Partes prædictas sic de limitibus discrepantes firmaverint, limites illi sic juramento firmati, pro signis & limitibus inter Regnum Poloniæ & Terras Novæ Marchiæ & perpetuo remanebunt. — Postquam autem ventum fuerit per limites prædictos sicut præmittitur distinctos juramento, quando limes ille fluvium Notesz & Birtzwiennik insiliet, ipse fluvius Birtzwiennik medius erit limes perpetuus inter Regnum après, elle fut malheureuse pour les Chevaliers : les Polonois s'emparèrent de toute la Pomérellie & du susdit District de la Nouvelle-Marche, & ils gardèrent finalement la Pomérellie, par le Traité de Paix de Thorn, de l'an 1466. L'Ordre Teutonique, ayant revendu, pendant le cours de cette guerre, dès l'an 1454, la Nouvelle-Marche à Frédéric II, Electeur de Brandebourg, avec les limites telles qu'il les avoit reçues, en 1402, du Roi Sigismond, il ne pouvoit pas céder à

Poloniæ & Terram Novæ Marchiæ, & iterum ubi Birtzwennik cum Nothesz confluit, medius fluvius Nothesz erit limes.

Le Traité du Roi Casimir & du Grand-Maître Dusmar, allégué dans celui de 1436, est le Traité de 1349 (*voyez* le Code Diplomatique de la Pologne, t. IV, p. 71). Les limites entre la Pologne & la Pomérellie s'y trouvent marquées à peu-près comme dans les Cartes modernes, & finissent avec la rivière de Kuddow, qui, par une faute de ce copiste, y est nommé *Groda* au lieu de *Gnoda*, nom ancien & Polonois de la Kuddow. Or, comme selon le Traité de 1436, le District litigieux entre la Pologne & la Nouvelle-Marche, lequel devoit être réglé par des arbitres, commence là où finissent les limites certaines entre la Pologne & la Pomérellie, exprimées dans le Traité de 1349, il en résulte la preuve de ce qui a été établi ci-dessus dans le texte.

la Pologne le Diſtrict de la Nouvelle-Marche, entre la Drage, la Netze & la Kuddow. Il ne l'a auſſi pas fait ; car, quoique, dans le Traité de Paix de 1466, on ait ſoigneuſement ſpécifié les noms de toutes les Villes & Bourg que l'Ordre céda au Roi Caſimir, il ne s'y en trouve aucune du Diſtrict de la Nouvelle-Marche en queſtion. Il paroît cependant que c'eſt à l'occaſion de cette guerre entre les Chevaliers Teutoniques & les Polonois, que ceux-ci en ont pris poſſeſſion. Mais comme il a été prouvé ci-deſſus, que le territoire entre la Netze, la Drage & la Kuddow, a, de droit, appartenu à la Nouvelle-Marche, dans les quatorzième & quinzième ſiècles ; comme le Roi Jagellon a promis à l'Ordre Teutonique de le laiſſer dans la tranquille poſſeſſion des limites de la Nouvelle-Marche, telles qu'il les avoit reçues de l'Electeur Sigiſmond ; comme ce Roi Jagellon a lui-même déclaré litigieux le Diſtrict entre la Drage, la Netze & la Kuddow, dans le Traité ſolemnel de Paix de 1436, & en a renvoyé la déciſion à un arbitrage, qui n'a jamais eu lieu, & comme enfin la Couronne de Pologne ne ſauroit produire aucun Traité, ni autre titre valable ſur l'acquiſition du Diſtrict en queſtion, la possession qu'elle en a eue jusqu'ici, a toujours été vicieuse (1), & le Roi est par con-

(1) Si les Polonois, pour colorer leur possession de ce territoire, s'avisoient de provoquer à la matricule de démarcation qui doit avoir été faite en 1251, par Boleslas, Duc de Pologne, & confirmée par le Roi Casimir, en 1364, laquelle est imprimée dans le Code Diplomatique de Brandebourg, t. III, p. 253, d'après une copie, on leur démontrera aisément, que cette matricule, dont ils n'ont jamais pu produire l'original, n'est qu'une pièce controuvée & fabriquée par un faussaire ignorant, qui ne savoit pas que l'Ordre Teutonique, qu'il a fait partie contractante de cette matricule, ne possédoit, en 1251, ni la Nouvelle Marche, ni la Pomérellie. Le Compilateur du Code Diplomatique de Pologne se flatte, dans la préface du premier tome, de pouvoir, de beaucoup, reculer les limites présentes de la Nouvelle-Marche, & prouver d'anciens droits de la Couronne de Pologne sur une partie de ce pays, s'il pouvoit trouver les délimitations faites du tems du Roi Casimir III; mais on peut l'assurer avec sincérité, sur la foi des Archives de Brandebourg, qu'il n'en trouvera jamais. Le même Compilateur appuie beaucoup sur quelques Chartes des années 1265, 1402 & 1422, par lesquelles les Seigneurs de Driesen auroient reconnu tenir le Château de ce nom de la Couronne de Pologne; mais ce sont des Actes illégitimes qui ont été extorqués en tems de troubles, à des mineurs, & on peut détruire toutes ces pièces par un Acte d'Ulric, Seigneur de Driesen,

féquent en droit de réclamer la reſtitution de ce même Diſtrict, qui a été ſi injuſtement démembré de la Nouvelle-Marche.

III. La *Siléſie* n'a pas moins ſouffert, par les uſurpations des Rois de Pologne.

Dans le Traité de partage que les cinq frères, Ducs de Siléſie & de Glogau, conclurent entr'eux, en 1312 (1), ils firent deux portions, dans l'une deſquelles on mit, outre les Villes qui appartiennent encore aujourd'hui à la Siléſie, les Villes & les Diſtricts de *Poſen*, de *Frauſtadt*, de *Rogozno*, d'*Obernik*, de *Wronke*, de *Szrem*, de *Goſtyn*, de *Benſchen*, &c. & dans l'autre les Villes de *Gneſen*, de *Kaliſch*, de *Pysdri*, de *Konin*, &c. Il en réſulte

de l'an 1408, qui ſe trouve ici en original, & qui eſt rapporté parmi les pièces juſtificatives, N°. VI, où il déclare que ſon Château & ſa Seigneurie ne relevoient que de la Marche de Brandebourg, depuis les tems les plus anciens, témoin les lettres d'inveſtiture; & que, s'il avoit donné des reconnoiſſances contraires à la Pologne, il y avoit été engagé dans ſon bas âge, par les menaces & les ſuggeſtions ſiniſtres des Polonois, en ſecret & en lui impoſant un ſilence abſolu.

(1) Ce Traité de partage de 1312, ſe trouve en entier dans le Recueil des Hiſtoriens de la Siléſie, de M. de *Sommersberg*, t. I, p. 869.

que les Villes & les Diſtricts qu'on vient de nommer, & qui conſtituent aujourd'hui les deux grands Palatinats de Poſen & de Kaliſch, appartenoient alors inconteſtablement à la Siléſie & au Duché de Glogau. On trouve auſſi que Jean, Duc de Glogau & de Steinau, poſſéda encore, en 1337, la Ville & le Diſtrict de Frauſtadt (1). Caſimir, Roi de Pologne, renonça, par les deux Traités conclus en 1335 & 1339, avec Jean, Roi de Bohême (2), à toute prétention ſur la Siléſie, & déclara n'avoir jamais eu aucun droit ſur ce Duché. Malgré des tranſactions ſi ſolemnelles, les Polonois ont uſurpé, &, peu-à-peu, démembré de la Siléſie toutes les Villes & les Diſtricts ſuſnommés (3), ſans que les Ducs de Siléſie y aient jamais expreſſément renoncé. Le Roi, comme Souverain & légitime Duc de Siléſie & de Glogau, pourroit donc, de bon droit, revendiquer ces deux grands territoires ou Palatinats de Poſen & de Kaliſch, que les Polonois ont uſurpés ſans titre, & injuſtement démembrés de la Siléſie.

(1) *Voy.* ce même Recueil de M. de *Sommersberg*, t. I, p. 874.

(2) *Voy.* ces Traités dans le même Recueil, t. I, p. 774, 775.

(3) *Voyez* M. de *Sommersberg*, t. I, p. 276.

IV. Outre les prétentions légitimes, qu'en conséquence des articles précédens, la Maison de Brandebourg pourroit former à la charge du Royaume de Pologne, elle en a une pécuniaire entièrement liquide, pour laquelle elle tient en hypothèque le territoire de la Ville d'*Elbing*, & dont voici l'origine & la qualité.

Lorſque l'Electeur Frédéric-Guillaume conclut, en 1657, la Paix de Velau avec la République de Pologne, & s'allia avec elle pour l'aſſiſter contre Charles-Guſtave, Roi de Suède, dans une guerre où il ne s'agiſſoit pas moins que de l'exiſtence d'une Monarchie Polonoiſe, le Roi Jean Caſimir, & les principaux Sénateurs de Pologne, promirent à l'Electeur, de la manière la plus ſolemnelle, par la Convention de Bidgoſt, du 6 novembre 1657, qu'en conſidération du ſuſdit ſecours, la Ville d'Elbing ſeroit remiſe à l'Electeur en pleine propriété, & ſans la moindre difficulté, dès qu'elle auroit été évacuée par les Suédois. Cependant l'Electeur promit en même tems qu'il rendroit cette Ville à la République, dès qu'elle lui auroit rembourſé la ſomme de quatre cent mille écus. La guerre entre les Suédois & les Polonois ayant été terminée trois ans après, par la Paix d'Oliva, ceux-ci occupèrent la Ville d'Elbing. Mais l'Electeur Frédéric-Guillaume ne put jamais obtenir ni qu'on lui remît cette Ville, ni qu'on lui payât les quatre cents mille écus, malgré toutes ses sollicitations, & malgré que le Roi de Pologne, & les principaux Ministres de la République, reconnussent eux-mêmes l'injustice de ce procédé (1). Son successeur, l'Electeur Frédéric III, fit donc occuper la Ville d'Elbing, en 1689, par ses troupes. Mais il la rendit à la République, par un Traité conclu en 1699, par lequel il réduisit sa créance à trois cent mille écus, en se faisant donner pour gage une couronne & quelques bijoux de la République, & en stipulant que si ce capital n'étoit pas payé en quatre ans, il pourroit occuper le territoire de la Ville d'Elbing, pour jouir de son usufruit. Ce paiement n'ayant pas eu lieu, Frédéric, devenu Roi, fit prendre possession, en 1704, du

(1) Cette prétention est détaillée avec les preuves nécessaires dans une déduction qui a été imprimée en 1698, sous le titre :

Repræsentatio juris, quo Electori Brandeburgico fas est possessionem pignoris in urbe Elbinga constituti arripere.

territoire de la Ville d'Elbing ; & il prêta, la même année, encore la ſomme de ſoixante-dix mille écus à la Ville d'Elbing, pour payer la contribution que Charles II avoit imposée à cette Ville. La Maiſon Royale de Pruſſe a donc à prétendre de la République de Pologne & de la Ville d'Elbing un capital liquide de trois cent ſoixante-dix mille écus en eſpèces, qui font plus de cinq cent mille monnoie courante, pour lequel capital elle jouit actuellement de l'uſufruit du territoire de la ville d'Elbing.

On croit donc avoir prouvé, par l'Hiſtoire, par les Traités, par des Chartes originales, & par tout ce qu'il y a de plus digne de foi parmi les hommes, que la *Pomérellie*, par la ſucceſſion légitime, a dû appartenir aux Ducs de Poméranie & à leurs ſucceſſeurs, les Electeurs de Brandebourg ; que *le Diſtrict de la Grande-Pologne*, entre les rivières de la Netze, de la Drage & de la Kuddow, a anciennement appartenu à la Nouvelle-Marche, & n'en a été démembré que par uſurpation, & que les Palatinats de Poſen & de Kaliſch ont été injuſtement, & ſans titre, démembrés de la Siléſie. La Couronne de Pologne ne pourra produire aucune ceſſion des

des Ducs de Poméranie sur la Pomérellie, ni des Electeurs de Brandebourg sur le District enclavé entre lesdites trois rivières, ni des Suzerains & des Ducs de Silésie, sur les Palatinats de Posen & de Kalisch. Elle ne pourra non plus produire aucun Traité, ni autre Acte par lequel lesdits Princes aient expressément renoncé à aucune des Provinces qu'on vient de nommer. En vain voudroit-elle réclamer le Traité de Paix de Velau, de 1657, & celui d'Oliva, de 1660, & les garanties de ce dernier Traité, dont plusieurs Puissances de l'Europe se sont chargées. Le premier Traité a terminé la guerre entre Jean Casimir, Roi de Pologne, & Frédéric-Guillaume, Electeur de Brandebourg, & a eu pour objet principal la Souveraineté du Duché de Prusse. Le second Traité, celui d'Oliva, a fini la guerre entre l'Empereur Léopold, le Roi de Pologne & l'Electeur de Brandebourg d'une part, & le Roi de Suède de l'autre; laquelle guerre avoit eu son origine des prétentions que les Rois de Pologne formoient sur le Royaume de Suède. Dans l'un & l'autre Traité, on n'a transigé que sur les points qui étoient alors en contestation, & qui avoient occasionné ces guerres. Il ne s'y trouve aucune clause ni générale ni spéciale par laquelle l'Electeur de Brandebourg ait renoncé ou dérogé à ses prétentions sur la Pomérellie & le District de la Nouvelle Marche, ou reconnu le droit de la Pologne sur ces Provinces, dont il n'avoit jamais été question dans tout le cours de cette guerre, & de la négociation de la Paix d'Oliva. On y a plutôt réservé (art. XXIV, §. 2) les conventions que les Parties contractantes pourroient avoir entr'elles, ou avec d'autres. D'ailleurs, l'Electeur de Brandebourg n'a pas même transigé dans le Traité de Paix d'Oliva avec la Couronne de Pologne, mais uniquement avec celle de Suède. Les Traités de Paix de Velau & d'Oliva ne peuvent donc donner à la Couronne de Pologne des droits plus forts sur la Pomérellie & le District de la Nouvelle-Marche, qu'elle n'en a eu auparavant, ni déroger aux justes prétentions de la Maison de Brandebourg : & les garanties de la Paix d'Oliva ne sauroient s'étendre audelà de ce que cette Paix comprend expressément, puisque les Puissances garantes ont garanti l'observation de ce Traité, mais non l'intégrité des possessions de la Couronne de Pologne, qui pourroient d'ailleurs être litigieuses. Comme cette Couronne ne peut donc faire valoir des *cessions* ou *renonciations expresses*, qui sont les seuls titres valables entre les Souverains, pour transférer une possession légitime de Provinces litigieuses, elle aura peut-être recours *à la prescription & à la possession immémoriale.* On connoît la fameuse dispute des Savans sur la question si la prescription est du droit naturel, & si elle a lieu entre les Souverains & les Nations libres (1). L'affirmative n'est fondée que sur l'argument très foible, que celui qui, pendant long-tems, n'a pas fait usage de ses droits, est présumé les avoir abandonnés. Une présomption, qui est toujours douteuse, ne peut pas détruire le droit & la propriété avérée d'un Souverain. Cette présomption cesse même entièrement, dès que les forces supérieures de l'usurpateur ont empêché le propriétaire légitime de revendiquer ses droits; ce qui est le cas présent. Le tems seul ne peut pas rendre juste une possession qui ne l'a pas été dès son origine; & comme il n'y a point de juge entre les Nations libres, personne ne pourra juger si le tems écoulé suffit pour opérer la pres-

(1) Grotius, Puffendorff, Wolff, Werlhof, Vatel & d'autres, ont soutenu l'affirmative; Dupuy, Breuning & d'autres, sont pour la négative.

cription, ou si la présomption de l'abandon est assez constatée. Mais quand on laisseroit même cette question indécise, la prescription que la République de Pologne pourroit alléguer, dans le cas présent, n'a aucune des qualités que les défenseurs de la prescription en exigent, pour la rendre valable entre les Etats libres (1). Elle n'est pas *immémoriale*, puisqu'on vient de montrer l'époque & l'origine vicieuse de la possession des Polonois sur les Pays en question. Elle n'est pas fondée sur la *bonne foi*, puisqu'ils ont pu & dû savoir, par l'Histoire & par leurs Archives, le vice de leur possession. Ils ne pourront pas prouver aux Parties intéressées un silence & un abandon absolu de leurs prétentions, tel qu'il le faudroit pour opérer une prescription à toute épreuve. Les forces prépondérantes des Rois de Pologne, & les circonstances critiques des tems, qui ont produit une suite presque non interrompue de guerres & de troubles, ont empêché jusqu'ici les Ducs de Poméranie & les Electeurs de Brandebourg de faire valoir leurs droits. Cependant les suf-

(1) Grotius de J. B. & P. livr. II, chap. 4, §. 5, 6, 7. Vatel, Droit des Gens, livr. II, chap. 11, §. 142, 143, 144.

dits Ducs ne les ont jamais expressément abandonnés, & ils n'ont pas laissé de revendiquer bientôt après la mort du dernier Duc de Pomérellie, autant qu'ils ont pu, de ce Pays-là; savoir, le territoire entre la Léba & la Grabow : & comme ils ont en même tems pris & conservé, jusqu'à nos jours, les armes & le titre des Ducs de Poméranie, nom qui est propre & particulièrement affecté au Duché de Pomérellie, ils ont conservé par-là leurs prétentions sur ce Pays, & l'ont garanti contre toute prescription (1).

Les prétentions que la Sérénissime Maison de Brandebourg a sur la Pomérellie & sur d'autres Districts considérables de la Pologne, étant donc justes, légitimes, & fondées, & n'ayant pu être éteintes par aucune prescription, le Roi s'est déterminé à les réclamer & à faire valoir ses justes droits, de la manière qui est usitée parmi les Nations, & qui est autorisée par tant d'exemples. Comme on peut juger d'avance, & avec certitude, par le caractère de la Nation Polonoise, par l'expérience des injustices qu'elle a faites à la Maison de Brandebourg, dans les affaires d'Elbing,

(1) Vatel, *ibid.* §. 145.

& tant d'autres, & sur-tout par les dissentions internes qui partagent présentement toute la Nation, qu'on n'obtiendroit jamais aucune justice d'elle par les voies ordinaires de la négociation ; Sa Majesté n'a pas pu s'empêcher de prendre le seul parti qui restoit, de se faire justice elle-même, & de prendre possession de ce qui lui revient de droit, après s'être concertée avec d'autres Puissances voisines, qui se trouvent dans le même cas. Pour cet effet, le Roi a fait prendre possession de la Pomérellie, en exceptant la Ville de Dantzig, & de la partie de la Grande-Pologne, située en-deçà de la Netze, comme des Pays qui appartiennent, à juste titre, l'un au Duché de Poméranie, & l'autre à la Nouvelle-Marche : & comme Sa Majesté ne fait pas valoir ses prétentions sur les Districts considérables que les Polonois ont démembrés de la Silésie ; comme elle se désiste de ses droits sur la Ville de Dantzig, qui appartient d'ailleurs incontestablement à la Pomérellie, & vaut, sans contredit, plus que tout le reste de cette Province déserte ; comme elle pourroit prétendre la restitution de l'usufruit de ces territoires, dont sa Maison a été injustement privée depuis tant de siècles ;

comme elle a enfin une prétention pécuniaire très-forte & liquide sur le territoire de la Ville d'Elbing, par toutes ces raisons, Sadite Majesté, pour se procurer un équivalent tant soit peu proportionné à des sacrifices si considérables, a fait occuper en même tems le reste de la Prusse Polonoise, nommément le Palatinat de Marienbourg, avec la Ville d'Elbing & l'Evêché de Varmie, le Pays de Michelau, & le Palatinat de Culm, avec l'Evêché de ce nom, à l'exception de la Ville de Thorn & de son territoire.

On se flatte que quand le Public impartial aura pesé, sans prévention, tout ce qu'on vient de détailler dans cet exposé, il ne trouvera, dans la démarche que Sa Majesté vient de faire, rien qui ne soit conforme à la justice, au droit de la nature, à l'usage général des Nations, & enfin à l'exemple que les Polonois ont donné eux-mêmes, en s'emparant de tous ces Pays par de simples voies de fait. On espère aussi que la Nation Polonoise reviendra à la fin de ses préjugés; qu'elle reconnoîtra les injustices énormes qu'elle a faites à la Maison de Brandebourg, & qu'elle se portera à les réparer, par un arrangement juste & raisonnable, auquel Sa Majesté prêtera volontiers les mains, désirant sincèrement de cultiver l'amitié & le bon voisinage de cette illustre Nation, & de vivre avec la République en bonne union & harmonie (1).

(1) Un écrivain Polonois a soutenu, que le Roi de Prusse avoit renoncé à toute prétention à la charge de la République de Pologne, par la déclaration du 27 mai 1764, qui se trouve ci-dessus (p. 60); mais tout lecteur impartial trouvera aisément que, dans cette déclaration, le Roi de Prusse a uniquement promis de ne tirer aucun avantage de la reconnoissance du titre Royal de Prusse faite par la République de Pologne, mais qu'elle ne contient aucune renonciation à tous ses droits, & aux prétentions que la Maison Royale de Prusse pourroit avoir par d'autres titres.

PIECES JUSTIFICATIVES.

N°. I.

DIPLÔME d'Inféodation de la Marche de Brandebourg & du Duché de Poméranie, donné par l'Empereur Frédéric II, à Jean & Otton, Margraves de Brandebourg, l'an 1231, avec la confirmation d'Adolphe, Roi des Romains, de l'an 1295, d'après l'original.

ADOLFUS Dei Gracia Romanorum Rex ſemper Auguſtus. Vniverſis Imperii Romani fidelibus imperpetuum. In Excellenti ſolio Majeſtatis Regie ordinacione divina feliciter conſtituti, noſtre conſiderationis oculos longe lateque diffundimus, ad proſpiciendum univerſis ſubjectis Imperii meliora & ad occurendum diſpendiis eorundem. Verum precipua nos cura ſollicitat, qualiter principum noſtrorum, quibus tanquam immobilibus columnis Imperii, totalis Regia machina sustentatur, firmum statum firmius solidemus & amplum honorem largius ampliemur. Nouerit igitur presens etas & successura posteritas, quod privilegium quoddam dive recordacionis Domini Friderici Secundi Romanorum Imperatoris, Jerusalem & Sycilie Regis, nostri Antecessoris, cum bulla aurea roboratum, vidimus & audivimus, in hec Verba. In nomine Sancte & individue Trinitatis. Fridericus Secundus divina favente clemencia Romanorum Imperator, semper Augustus, Jerusalem & Sycilie Rex. Requirit imperii celsitudo & dignitas exigit principalis, ut favore Cesareo vota principum compleantur, quorum merita transfundi debent liberaliter in heredes qui non minus paterne fidei quam virtutis creduntur effici successores, defectumque parentum circa imperii decus effectu devocionis complere. Inde est igitur, Quod presentis scripti serie notum fieri volumus Imperii fidelibus, tam modernis, quam posteris universis, quod dilectus Princeps noster Johannes Marchio de Brandemburg, nostro culmini supplicavit, quatinus Marchiam Brandemburgensem cum omni honore & pertinenciis suis, & alia feoda que quondam Albertus Marchio

Brandemburgensis pater ejus de manu nostra & Imperii possidebat, quemadmodum eidem Alberto genitori suo & heredibus ejus privilegium liberalitatis nostre inde concessimus, una cum *Ducatu Pomeranie*, eidem Johanni & Ottoni fratri suo, si ipsum Johannem premori contigerit, ac heredibus utriusque, concedere & confirmare de nostre celsitudinis gratia dignaremur. Nos autem attendentes devocionem & fidem dicti quondam Alberti Marchionis patris eorum, quam ad nostram & Imperii celsitudinem habuit & quam devote nobis & Imperio seruierit quoad vixit; sperantes insuper ab eisdem Johanne & Ottone fratribus, tanquam paterne successoribus fidei, seruitia recipere gratiora, predictam Marchiam Brandemburgensem cum omni honore, proventibus & juribus ad eam spectantibus, nec non & alia feoda, que nominatus Marchio pater eorum à nobis & imperio noscitur tenuisse, sicut olim eo superstite sibi & heredibus suis concessimus, ita prenominatis Johanni Marchioni & Ottoni fratri ejus, si premori contigerit eundem Johannem, ac heredibus eorum ex certa scientia, juxta consuetudinem imperii concedimus & perpetuo confirmamus: *Desuper abundanciori gracia noſtra, confirmantes eiſdem Ducatum Pomeranie, prout dictus quondam pater & predeceſſores eorum noſcuntur à noſtris predeceſſoribus tenuiſſe.* Preſentis quoque privilegii auctoritate mandamus, quatinus nulla perſona ſublimis vel humilis, eccleſiaſtica vel mundana, dictum Johannem Marchionem & Ottonem fratrem ejus ac eorum heredes contra conceſſionis & confirmacionis noſtre paginam moleſtare preſumat. Quod qui preſumpſerit, penam quingentarum librarum auri ſe compoſiturum agnoſcat, medietatem curie noſtre & reliquam injuriam patienti. Ad hujus itaque conceſſionis & confirmacionis noſtre memoriam & robur perpetuo valiturum, preſens privilegium fieri & bulla aurea, typario noſtre Majeſtatis impreſſa, juſſimus communiri. Hujus autem rei teſtes ſunt: B. Patriarcha Aquilegienſis, Magdeburgenſis, Ravennenſis; & B. Panormitanus, Archiepiſcopi; C. Babembergenſir, S. Ratiſponenſis, Imperialis aule Cancellarius; Wormacienſis, Ofenburgenſis, Regius; Ymolenſis, Brixienſis, Epiſcopi; A. Dux Saxonie; O. Dux Meranie; B. Dux Karinthie, Lantgravius Thuringie, Comes de Waldeberg; L. Lantgravius de Luckemberg; A. Comes de Sweburg; H.

Comes de Ortemburg; L. Comes de Halremunt; M. Comes de Mulburg; G. de Arnstein Sacri Imperii in Italia Legatus; G. Dapifer; G. Pincerna de Clingemburg; Th. Comes Afferrensis; M. Marchio Lanza; Comes de Loretho; Richardus Camerarius, & alii quamplures. Signum Domini Friderici Secundi. Dei gracia inuictissimi Romanorum Imperatoris. Semper Augusti. Jerusalem & Sycilie Regis. Acta sunt hec anno

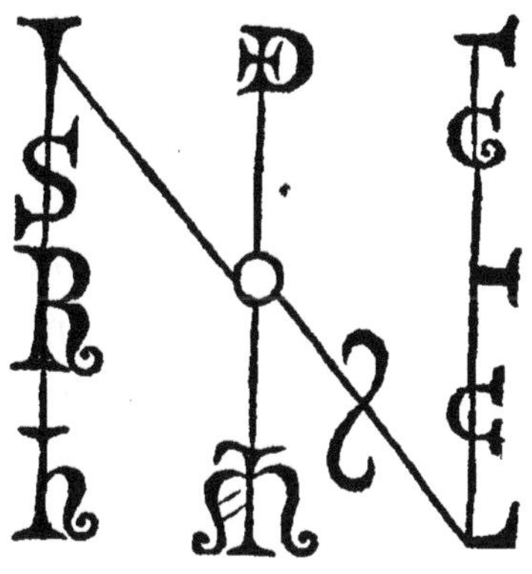

dominice incarnacionis millesimo ducentesimo XXXI mense decembri, quinte indict. Imperante Domino nostro Friderico Dei gracia, inuictissimo Romanorum Imperatore. Semper Augusto. Jerusalem & Sicilie Rege. Anno Imperii ejus duodecimo. Regni Jerusalem septimo. Regni vero Sycilie XXXIIII, feliciter amen. Ego Syfridus Ratisponensis Episcopus Imperialis Aule Cancellarius, vice Domini Coloniensis Archiepiscopi tocius Italie Archicancellarii recognovi. Datum in civitate

Ravenne anno, menfe & indictione prefcriptis.

Nos itaque Adolfus Romanorum Rex predictus, Illuftrium principum noftrorum Ottonis & Cvnradi fratrum Marchionum Brandemburgenfium, filiorum quondam Johannis Marchionis Brandemburgenfis, devotis precibus favorabiliter inclinati, Univerfa & fingula, in fupra fcripto privilegio contenta pariter & confcripta, approbamus, ratificamus, innovamus, & prefentis fcripti patrocinio confirmamus. Nulli ergo hominum, liceat hanc paginam noftre approbationis, ratificacionis, innovacionis & confirmacionis infringere, vel ei aufu temerario contraire, ficut grauem noftre Majeftatis indignacionem & offenfam voluerit evitare. In cujus rei teftimonium, prefens fcriptum Majeftatis noftre figillo juffimus communiri. Teftes hujus rei funt: Ar. Babembergenfis; Heinr. Brixienfis; Heinr. Merfeburgenfis Epifcopi; Illuftres Al. Lantgravius Thuringie & Otto Comes de Anhalt, Principes; Spectabiles Viri, Eberhardus de Catzenellenbogen; Gerhardus de Diecz; Heinricus de Naffowe. Johannes de Seyne &.Eberhardus de Spizzenberg Comites; Nobiles Viri, Gerlacus de Bruberg; Ulricus de Hanowe; Gotfridus de Merenburg; H. de Isenburg; Fridericus de Biegen, & alii quam plures. Datum in Mulhusen VI° idus januarii Indictione VIII, anno Domini millesimo ducentesimo nonagesimo-quinto, regni vero nostri anno tertio.

N°. II.

CHARTRE de Mestvin II, Duc de Poméranie, par laquelle il assure la Succession de ses Etats à son Cousin Barnim, Duc de Stettin, de l'année 1264.

MISTWINUS Dei gracia Dux Scwecensis. Vniversis presentem paginam inspecturis salutem in omnium salvatore. Quoniam vniversi hominum actus vna cum tempore in quo geruntur deffluunt transeuntes in obliuionem, necessarium arbitramur ut ea que robur firmitatis sortiri debent scriptis autenticis muniantur adeo ut nullius occasione dubietatis vel calumpnie processu temporis infringi valeant vel mutari. Igitur notum esse volumus tam presentibus quam posteris quod nos de mera nostra liberalitate dilecto *nostro consanguineo* Domino Barnim illustri Slavorum Duci ac suis heredibus contulimus & donavimus totam terram nostram Scwecensem cum omnibus terminis, juribus aliisque suis attinentiis possidendam in omnibus & per omnia eo jure quo nos ipsam tenuimus ac possedimus, ejusdem terre possessione nobis quam diu vixerimus tantummodo reservata. Conferimus etiam ei suisque heredibus & donamus terras, castra, civitates, villas & universa dominia que ad nos deuolui poterunt vel deuoluentur à patre nostro & à fratre cum omni jure post obitum nostrum libere possidenda. In cujus rei testimonium presentem paginam inde confectam eidem dedimus nostri sigilli munimine roboratam. Testes hujus nostre donationis & collationis sunt: Wiardus abbas Vznomensis; Otto de Zcwec capellanus noster; Arnoldus rector paruulorum in Stettin; Item Johannes Kulo, Brezpravus, Gustizlaus, & alii quamplures quorum hic nomina non sunt scripta. Actum Camin & datum ibidem anno Domini M°. CC°. LXIIII°, XII Kalendas octobris.

N°. III.

N°. III.

CONFIRMATION des possessions des Couvens d'Oliva & de Sarnovitz en Pomérellie, par Bogislas IV, Duc de Slavie. 1291.

IN Nomine Domini. Amen. Nos Bogisslaus Dei gracia Dux Slauorum & Cassubie. Universis Christi fidelibus presens scriptum audituris vel visuris in perpetuum. Ne ea que aguntur nostris temporibus cum lapsu temporis à memoria hominum defluant malignanciumque calumpnia inposterum depraventur. Utile & necessarium esse dignoscitur ut fide dignorum hominum & scripture testimonio perrennentur. Nouerint igitur presentes & posteri universi. Quod nos de Consilio Dilectorum fratrum Nostrorum *Barnym & Ottonis*, ad laudem & honorem omnipotentis Dei & gloriose matris ejus Marie Virginis, augmentandum Monasterium quod Oliva dicitur Cisterciensis ordinis, situm in Pomerania, cum fratribus inibi Deo famulantibus, sub alas nostre protectionis ſuſcipimus, confirmando eis eorumque ſucceſſoribus omnes hereditates, Villas ſeu poſſeſſiones quas idem Monaſterium ex donatione vel confirmatione Illuſtris Principis Domini *Myſtwigii dilecti cognati noſtri Ducis Pomeranie* ac progenitorum ſuorum longo tempore juſto titulo pacifice poſſederunt & poſſident in preſenti. In quibus ſubſcriptas hereditates propriis nominibus dignum duximus exprimendas. In primis ipſum Clauſtrum Olivam cum grangia adjacente, Villas Prſimore, Podole, Granſow, Sterchow, Cincimiz, Pruſentino & grangiam Bargnewitz. In ſuper Villas ipſis pro terra Gemeve in reſtaurum datas, quarum nomina ſunt hec: Biſſekyr, Choyno & parvum Choyno, Slomno, Banino, Czegumo, Niwadove, Tuchumme cum omni ſtagno adjacente parvo & magno quod Warzia dicitur in omni littore, excepta parte que ſpectat ad Villam Domini Epiſcopi, Beragewicz, Smolino, Quaſſin, Wiſſoka, Brudvino, Soppot, dimidiam quoque partem terre Oxiuie cum omnibus terminis & utilitatibus ſuis & libera piſcatione in mari. Rumnam cujus termini protenduntur verſus Radam ad quercum circa viam publicam ſignatam, & ſic deſcendunt ad locum ubi

Rumna & Rada confluunt, grangiam Starin cum Villa ejuſdem nominis & Meſſin, grangiam etiam Radeſtowe, Raikowe, Scowarnichowe, Hoſtriczam, Plavonove, & molendino in Raduna, Waſino & Zirinuina, molendina quoque in Stricze conſtructa & in poſterum conſtruenda. Locum etiam molendini circa Villam Briſcze cum terminis ſuis, & prefatum fluuium Strycze cum utroque littore à lacu Colpin unde ſcaturit deſcendendo in Wiſſam, & ab illo loco per totam Wiſſam uſque in mare liberam piſcationem capiendi rumbos vel eſoces, vel cujuſcunque generis piſces quibuſlibet retibus, vel inſtrumentis, à portu vero Wiſſe versùs occidentem totum littus maris cum omni utilitate & libertate uſque ad extremum littus riuuli qui Swelina nuncupatur. Preterea unam nauem liberam in ſalſo & recenti mari ad capiendum allec, rumbos vel alios quoſcunque piſces. Inſuper decimam noctem de clauſura in Rada abſque omni contradictione piſces libere perpetuo percipiendi prefatis fratribus de Oliva, & eorum ſucceſſoribus cum omnibus bonis ſupradictis libertate perpetua confirmamus prout & donamus. Inſuper donationem predilecti patris noſtri Domini Barnym quondam Ducis Slauorum & Caſſubie in annua penſione ſcilicet octo marcarum de moneta ciuitatis noſtre Stetin & uno thugurio Salis in Colberghe ſepedicto Monaſterio Olive fratrum approbamus & condonando jure perpetuo liberaliter confirmamus. Clauſtrum etiam Dominarum Ciſtercienſis ordinis nomine Sarnowicz quod pertinet in Oliuam ſub noſtram protectionem ſuſcipimus confirmantes illis poſſeſſiones & Villas ſubſcriptas, Wircuſino, Cartuſino, Liubeko, Velargow, & Swetin, totum quoque ſtagnum quod Peſnicza nominatur & fluuium ejuſdem nominis in utroque littore cum clauſura piſcium & pratis circumjacentibus uſque in mare & liberam piſcationem ibidem, unam quoque nauem liberam allec vel rumbos aut ceteros piſces libere capiendi. Univerſas itaque & ſingulas poſſeſſiones & Villas prenominatas cum omnibus terminis & graniciis & libertatibus ſuis ſicut in privilegiis prefati Domini Meſtwigii & aliorum progenitorum ſuorum expreſſius continentur, & cum omnibus utilitatibus que nunc in ipſis ſunt vel quomodolibet haberi poterunt in futuro in molendinis, tabernis, pratis, piſcationibus, aurifodinis, argentifodinis & ſalinis, vel cujuſcumque fuerit utilitatis, cum omni judicio majori & minori, capitali videlicet, & manuali sepedictis fratribus de Oliva, & eorum in evum successoribus libertate perpetua confirmamus. In hujus igitur confirmationis perhennem memoriam presentem paginam sigillo nostro & *sigillo Mestwigii Ducis Pomeranie qui huic ordinationi presentialiter interfuit*, cum subscriptione testium fecimus roborari. Testes sunt: Dominus Wichardus, Abbas de Buchouia; Dominus Nicolaus Draco marscalcus; Reymberus de Wacholt; Johannes filius suus milites; Gobelo de Stetin miles; Adam de Wissekow miles; Swenzo Palatinus Danensis & Stolpensis; Mattheus Subcamerarius in Slawen; Albertus Signifer de Danzic, & alii quamplurimi fide digni. Datum anno Domini M°. CC°. XCI°, concurrente VII indictione quarta.

N°. IV.

Convention de Waldemar & de Jean, Margraves de Brandebourg, avec André, Evêque de Posnanie, sur les dixmes du pays situé entre les rivières de la Netze, Drave & Kuddo, & appartenans auxdits Margraves, de l'année 1312.

Nouerint vniuersi presentes literas inspecturi, quod Nos Waldemar & Johannes Dei gracia de Brandenborg & Luszacz Marchiones, accedente nostrorum Comitum & Baronum consilio & assensu, cum Venerabili in Cristo Patre Domino Andrea Dei gracia Episcopo & suo Capitulo Posnaniensi super decimis *circa nouum Kalisz, Tempelborch, Arnskrone, Valckenborch, Filene & omnibus & singulis bonis inter Noteszam & Drauam, & Noteszam item & Kuddam fluuios situatis* jam locatis pariter & locandis, imo de omnibus aliis bonis *nostri Domini* sub Posnaniensi Diocesi constitutis existentibusque bonis super quibus lis inter Posnaniensem & Caminensem ecclesias ventilatur, & bonis aliis omnibus sub Dominio Marchionis Johannis specialiter constitutis Domino Episcopo, & suo Capitulo jure Diocesano debitis, emptionem fecimus & contractum. Videlicet ut Dominus Episcopus, & suum Capitulum cum suis successoribus in Arnswald Caminensis Diocesis de annua contributione perpetuatim quinquaginta Marcas Brandenburgensis ponderis & monete, in diebus beate Walpurg viginti quinque, & beati Martini Episcopi viginti quinque annis singulis in perpetuum percipiant inconcusse contradicendi occasione procul mota. Habebunt etiam dicti Episcopus & Capitulum & eorum successores pro dictis decimis ducentos mansos Teutonicos nondum cultos, *in dicto territorio inter dictos fluuios situato*, cum decimis pleno jure nobis debito libere & pacifice jure proprietatis perpetuo possidendos, ita quod in bonis predictis nullum nobis jus & nostris successoribus penitus reseruamus, nullo modo ullas exactiones tallias aut precarias, aut aliquas angarias & perangarias in memoratis bonis ullo vnquam tempore faciemus aut ab aliis fieri patiemur, sed bona ista tuebimur contra quemlibet violentum. Ne autem super premisso contractu per nos rite facto, cuiquam hominum in posterum possit dubium suboriri, presentem paginam desuper conscribi jussimus, & nostrorum sigillorum munimine communiri, presentibus nostris fidelibus, scilicet Domino Gunthero de Keuerenberch Comite; nobili Conrado de Veden; Jereslao de Grochen militibus, Stockelmo nostre curie Prothonotario, aliisque pluribus fide decoratis. Actum & datum in Buchszendorp, anno Domini M°. CCC°. XII in die beati Johannis Apostoli & Evangeliste.

N°. V.

Charte d'Uladislas, Roi de Pologne, par laquelle il promet à l'Ordre Teutonique d'observer les limites de la Nouvelle-Marche, telles que l'Ordre les avoit reçues en achetant ce pays, l'an 1405.

Wladislaus Dei gracia Rex Polonie, Litwanieque Princeps supremus & heres

Russie. Significamus quibus expedit universis; quod anno preterito in conventione in Festo Penthecostes inter nos & consiliarios nostros ex una, & venerabilem ac magnificum Dominum Conradum de Jungingen, Magistrum Generalem Ordinis Beate Marie de Domo Theutonica, Consiliumque suum parte ex altera, sollemniter celebrata, Inter ceteros articulos, & tractatus ibidem tunc habitos, conclusos & conscriptos, hi duo articuli subsequentes & subscripti literis inseri debuerunt & sigillorum munimine roborari, qui tamen ex negligentia obmissi sunt literis eisdem imprimi & in numero ceterorum articulorum collocari. Ne igitur tam solemniter tractata & pactata in aliquo deficiant aut etiam minuantur, eosdem articulos presentibus decrevimus inserendos; Quorum primus est iste, de observatione Grenicierum, limitum & finium inter terras nostras Majoris Polonie & Nouemarchie, quas Grenicies nos observare promittimus & spondemus, & pro ratis habere, prout ipsas Dominus Magister & Ordo ipsius tempore recepcionis ejusdem terræ Novemarchiæ reperit: Et sicut tempore tenebatur ab antiquo. Secundus articulus fuit iste, Quod si vnquam contigerit propter limites,

& Grenicies terrarum quarumcunque Regni Polonie & ordinis predicti aliquas difficultates suscitari, quod predicte difficultates per amicabilem composicionem debent complanari & sopiri. Harum quibus sigillum nostrum appensum est testimonio literarum. Datum in Thorun feria quarta infra octavas Penthecostes. Anno Domini millesimo quadringentesimo quinto.

N°. VI.

Acte d'Ulric d'Oest, Seigneur de Driesen, par lequel il déclare que son Château de Driesen appartenoit à la Nouvelle-Marche & non à la Pologne, l'an 1408.

Ich Vlrich von der Oest Here czu Drysden Ritter Thu kund vnde offinbar vnde bekenne dem Allerdurchluchten vnde ouch dem Hochwirdigen Grosmechtigen meynen Allergnedigesten Fursten vnde Heren Romisschen Koninghe, den Korfursten sunderlichen allen anderen Fursten vnde Heren geistlich vnde wertlich, vnde nemelich alle denyenen den dieser Brieff vorbracht wirt welcherleye wezens adir wirdigkeit sie syn. Das meyne Voreldern Ir Lehn des Hwses Drysden von Aldersher ye empfangen haben von Meynen Allirgnedigesten Here Marrgraffe czu Brandenburg vnde dornach von Keiseren Keiserskindern rechten Heren der Marche czu Brandenburg als das noch wol mit briffen ist czu beweisen. Vnde Ich Vlrich vorbenumpt der gleich selbir das Lehn von meynen Allirgnedigesten Heren Konighe czu Hungern der nach leibet vnde lebet, empfangen habe, der mich ouch hot lassen weisen mit andern synen getruwen der Nuwenmarck dorczu wir gewerlde gehort haben an den Erwirdigen Heren Homeister dewsches Ordens vnde an seynen Orden, deme Ich ouch mit rechter Wissenschaft vnde wolbedachtem freyem willen geschworen vnde geholdet habe als ich von rechte schuldig vnde pflichtig war, off die czeit do meyn vorbenumptir Here Konig czu Hungern vorkaufft hatte dem vorgenantem meynem Heren Homeistere die selbige Nuwemarcke, vnd ab Ingerley bedassunge adir misschegeliche clage ymandes vorbracht wurde von deme Heren Konighe czu Polan adir seyner anewalden obir mich umb eczliche vorschribunge die Ich gethan habe deme Heren Konighe vnde seyme Reiche czu Polan des Ich dach vnmechtig was, sient eyn dienstpflichtiger seyner rechten Heren Lehnrecht nicht mechtig ist czu empfremden, So bitt Ich mit aller Demut, das mir das nicht vorkart noch czu Vnguttem gewant werde, was Ich doran gethon habe das ist geschen in meyner unwissenheidt. Wend Ich der Jore so Jung was, das Ich nicht wuste noch irkante woroff es gink, adir worczo es mochte komen onde wart auch alzo an mir gesucht, das alle dinggeschogen ane wissen vnde willen der meynen, vnde das die Vorschreibunge in meyner vnyrkentlichen iogund vnde ane alle der Meynen wissen vnde Willengeschehen ist, vnde ouch das das Lehn des Hwses Drysden von alders heer ye gehort habe vnde noch gehore czu deme Heren der Nuwenmarcke vnde nyemanders. Dorczu will Ich thun alles das mir dobey geboret czu thuen mit rechte. Des czu ewighem gedechtnisse vnde ganczer Sicherheit Hab Ich Vlrich offregenandt meyn Ingezegel mit Rechten Wissenschaft an dessen briff lassen hengen der do gegeben ist czu Soldin in der Nuwenmarck am nechsten Sontage nach Purificationis Marie, In deme Virczenhundersten vnde dorneheft Im achten Jore.

Preuves & Défense des droits du Roi sur le Port & Péage de la Vistule. 1773.

On sait que le Roi a fait occuper par ses troupes, le 13 septembre de l'année passée, la Pomérellie & le reste de la Prusse Occidentale, qu'on a jusqu'ici appelée Prusse Polonoise, de même que quelques Districts de la Grande-Pologne, situés sur la rivière de la Netze, dans l'intention de faire valoir ses justes droits sur le Duché de la Pomérellie, ou petite Poméranie, & sur quelques autres Districts considérables, que les Polonois ont injustement enlevés à ses prédécesseurs (1), Sa Ma-

(1) C'est ce que le Roi a manifesté par une Déclaration, que son Ministre Resident à Varsovie a remise au Ministère de Pologne le 18 Sept. & par des Lettres Patentes adressées le 13 Sept. aux habitans des pays occupés. Les Droits de Sa Majesté sur ces Pays ont été détaillés & prouvés dans une Déduction particulière & imprimée, qui a pour titre : *Exposé des Droits de sa Majesté le Roi de Prusse, sur le Duché de Pomérellie, & sur plusieurs autres Districts du Royaume de Pologne.*

jesté auroit pu également revendiquer la Ville de Dantzig même, laquelle, fondée & bâtie par les anciens Ducs de Poméranie, a toujours fait la Capitale & la principale partie intégrante de la Pomérellie. Elle n'a pas fait usage de ses droits sur cette ville considérable, par un motif de modération, par une suite des arrangemens pris avec les deux Cours Impériales, & dans la supposition que la Couronne de Pologne lui fera une cession formelle des susdits Pays qu'elle a fait occuper. Mais en se saisissant de la Pomérellie, Sa Majesté n'a pas pu se dispenser en même tems de prendre possession de l'embouchure & du Port de la Vistule, de même que des droits & péages qui en dépendent, parce que ce Port, situé sur le terrein de l'Abbaye d'Oliva, appartient, pour la propriété, à cette Abbaye, & pour la supériorité territoriale au Duché de Pomérellie, & parce que la Ville de Dantzig n'a jamais eu la propriété légitime de ce Port, mais seulement une jouissance temporaire & précaire, par usurpation & par l'extension arbitraire d'un Contrat emphytéotique qu'elle a su obtenir du Couvent d'Oliva d'une manière peu légale.

Malgré la conviction que le Magistrat de

Dantzig doit avoir lui-même de toutes ces vérités, il a jugé à propos de ſe récrier partout contre l'occupation du Port de la Viſtule ; il voudroit en faire la cauſe générale des Nations, & y intéreſſer toutes les Puiſſances de l'Europe, auxquelles il doit avoir adreſſé, pour cet effet, un Ecrit qui a pour titre : *Réflexions ſur la propriété du Port de Dantzig.*

On croit devoir & pouvoir réfuter cet Ecrit, & juſtifier pleinement la conduite que le Roi a tenue dans cette affaire.

Pour parvenir à ce but, on n'aura qu'à établir & prouver la propoſition ſuivante.

Que le Port actuel de la Viſtule eſt ſitué ſur un fonds qui appartient, pour la propriété, au Couvent d'Oliva, & pour la ſupériorité territoriale au Souverain de la Pomérellie, & que par conſéquent la Ville de Dantzig n'a aucun droit à prétendre ni ſur l'une ni ſur l'autre.

Cette aſſertion, qui, comme on le verra dans la ſuite, doit décider de tout le fond de la conteſtation, ſe prouve d'une manière victorieuſe, par les Chartes originales & les privilèges du Couvent d'Oliva.

Svantepolc, Duc de Poméranie, petit-fils

de Subiſlas I, qui a fondé le Couvent d'Oliva, en confirmant à ce Couvent, en 1235, ſes poſſeſſions, lui aſſure :

« Outre un grand nombre de Villages, l'endroit d'Oliva, le lac Saſpi juſqu'au ruiſſeau » de Striefs; ce ruiſſeau juſqu'où il tombe » dans la Viſtule; de-là, la pêche par toute » la Viſtule juſqu'à la mer; *le rivage de la » mer, qui ſe trouve compris dans les limites » du Couvent, avec toute utilité quelconque de » pêche, de vaiſſeaux* », &c. (1).

Il ajoute, que ſi lui ou ſes ſucceſſeurs faiſoient des conceſſions à la Ville de Dantzig,

(1) Comme l'Original de cette Charte eſt écrit en latin, on placera ici dans cette langue le paſſage rapporté ci-deſſus en françois :

« Confirmamus Monaſterio de Oliva locum ipſum » in quo conſtructum eſt Monaſterium. — Lacum Saſpi » uſque in rivulum Striza & eundem rivulum per totum » uſque in Wizlam, & ab eo loco per totam Wizlam » uſque in mare liberam piſcationem — *littus quoque » Maris ipſorum terminis intercluſum, cum omni » utilitate, proventu gemmarum, piſcium & na» vium*—.

La lecture de cette Charte entière pourra donner une conviction encore plus forte; c'eſt pourquoi on l'a miſe à la fin de cette Déduction, comme une Pièce juſtificative, N°. I.

le

le Couvent d'Oliva ne devoit en souffrir aucun préjudice dans ses possessions & limites.

Le Duc Mistvin II, fils de Svantepolc, confirme au Couvent d'Oliva, dans une Charte de 1283, la possession du même terrein d'une manière encore plus précise, en lui assurant :

« Le ruisseau de Strieff, avec les deux » rives; la pêche par toute la Vistule jusques » dans la mer : *mais du Port de la Vistule,* » *vers l'occident, tout le rivage de la mer,* » *avec toute utilité & liberté jusqu'au ruisseau* » *de Svilina* » (1).

Bogislas, Duc de Pomeranie, de la ligne de Stettin, confirma les privilèges de l'Abbaye d'Oliva, en 1291, dans les mêmes termes (2) : & Louis Kœnig, Grand-Maître de l'Ordre Teutonique, en donnant à l'Abbaye, en 1342,

(1) L'Original latin exprime ainsi ce passage : « Præfatum rivulum Strieff usque in Wizlam & ab » illo loco per totam Wizlam usque in Mare liberam » piscationem, *à portu verò Wizlæ versus Occiden-* » *tem totum littus maris cum omni utilitate & li-* » *bertate, usque ad rivulum Svilinæ* ».

(2) On trouve cette Confirmation de 1291, dans *l'Exposé des Droits du Roi sur la Pomérellie*, parmi les Pièces justificatives, N°. III.

la confirmation de ses privilèges, laquelle est alléguée même dans l'Ecrit de la Ville de Dantzig, exprime les limites de l'Abbaye en ces termes :

« Qu'elles alloient de l'embouchure de la » Svilina jusqu'à la mer ; *de-là le long du ri-* » *vage de la mer jusqu'au Port de la Vistule*, » & par la rive occidentale jusqu'à l'endroit » où le ruisseau de Striess tombe dans la Vis- » tule » (1).

Ces privilèges du Couvent d'Oliva ont été ainsi confirmés, mot pour mot, par les Souverains suivans de la Pomérellie, jusqu'aux tems modernes. Quand on les compare avec la carte du local, qui se trouve ci-jointe, on voit clairement :

Que les Souverains de la Pomérellie ont assuré au Couvent d'Oliva la propriété irrévocable de toute la région occidentale, située entre la mer Baltique, la Vistule, & les ruisseaux de Striess & de Svilina, avec le rivage, non seulement de la Vistule, mais

(1) L'original latin porte ces mots : « Per defluxum » Svilinæ usque in Mare, *ab hinc revertuntur granicies* » *Olivæ in littore maris ad portum Vistulæ* & per » littus Vistulæ occidentale, usque ad locum ubi Striess » fluvius influit in Vizlam ».

aussi de la mer Baltique, & que ce rivage de la mer, approprié au Couvent, commençoit : N. B. AU PORT DE LA VISTULE, *c'est-à dire*, AU NORDER - GATT, OU A L'ANCIEN PORT DE LA VISTULE, *qui existoit seul alors, & allant de-là jusqu'à la Svilina, comprenoit aussi le Port actuel & la Plate, situés entre l'ancien Port & la Svilina.*

Le Magistrat de Dantzig n'a pas pu se dispenser de reconnoître lui-même ces possessions & limites de l'Abbaye d'Oliva ; car lorsque l'ancien Port de la Vistule, qu'on appelle le *Norder - Gatt* ou *Fahrwasser*, fut comblé de sable, au point que les vaisseaux ne pouvoient plus y passer, & que la Ville de Dantzig voulut faire un nouveau Port, qui est celui d'aujourd'hui, qu'on appelle le *Wester-Fahrwasser* ; il se vit obligé de faire, pour cet effet, l'an 1647, un Contrat emphytéotique avec le Couvent d'Oliva, par lequel cette Abbaye lui cède, pour quatre-vingt-trois ans, & contre une redevance annuelle de cent écus,

« Le fonds sur lequel sont placés l'Auberge » nommée Ballast-Krug & la Wester-Schantze, » avec un terrein situé entre le lac de Saspi & » un fossé, *jusqu'à l'extrémité du rivage de la » mer*, ex utroque littore ».

Le Magiſtrat, en prenant de l'Abbaye d'Oliva ce terrein à cens, & pour un nombre limité d'années, a donc reconnu que le terrein de l'Abbaye alloit *juſqu'à l'extrémité du rivage de la mer des deux côtés.* Il avoue auſſi dans *les Réflexions ſur la propriété du Port de Dantzig*, §. 2 :

« Que différens bâtimens, dépendant du » Port actuel, étoient conſtruits ſur un terrein » qui autrefois avoit appartenu à l'Abbaye » d'Oliva, & que ladite Abbaye jouiſſoit en» core aujourd'hui du Domaine direct ſur ce » terrein ».

Mais il voudroit ſéduire le Public, peu inſtruit juſqu'ici, & éluder les droits de l'Abbaye d'Oliva, & les inductions qui en réſultent, par toutes ſortes d'argumens captieux. On ſoutient, pour cet effet, dans leſdites *Réflexions*, §. 2 :

« Que l'Abbaye ayant cédé à la Ville, » pour quatre-vingt-treize ans, le Domaine » utile du fonds en queſtion, avec tous les » droits y appartenans, ce Domaine utile » produiſoit une ſorte de *propriété*, & que par » conſéquent ce fonds ne pouvoit être regardé » que comme faiſant partie du *territoire* de » Dantzig ».

Ce raisonnement n'est guère concluant, & on peut le réfuter de plus d'une manière.

Le Couvent d'Oliva n'ayant pu aliéner le fonds en question, selon le Droit Canonique, & ne l'ayant aussi cédé à la Ville de Dantzig que par un Contrat emphytéotique, pour un nombre limité d'années, & contre une redevance annuelle, il ne lui en a transféré que l'usufruit temporaire, ou le *Domaine utile*, & en a gardé, selon l'aveu de la Ville même, le *Domaine direct.* Ce Domaine utile produit quelquefois, quant à l'usufruit, des effets approchans de la propriété, aussi long-tems que le cas est à décider, selon le Droit Civil, entre les membres d'un même Etat; c'est ce qu'on appelle le *Dominium semi-plenum ;* mais jamais il n'en résulte un *Dominium plenum*, & encore moins un *Droit territorial.* La Ville de Dantzig ne possède proprement aucun territoire, & ce n'est qu'abusivement, & vis-à-vis d'un Etat étranger, qu'on a donné le nom de territoire au terrein qu'elle possède en propriété. Mais pour qu'on puisse donner ce nom de territoire à ses terres, il faut qu'elle les possède du moins avec *propriété plenière*, & non simplement pour le *Domaine utile*, comme elle possède ce terrein de l'Abbaye d'Oliva. Cette Abbaye n'a pas aussi pu transférer à la Ville de Dantzig un droit territorial qu'elle n'avoit pas elle-même ; celle-ci n'a pas pu en acquérir, & une pareille translation de territoire n'auroit pu se faire que par le Souverain du territoire, ce qui ne s'est jamais fait.

Le Roi étant donc entré *jure postliminii* dans la possession de la Pomérellie & du droit territorial sur toutes les possessions de l'Abbaye d'Oliva, Sa Majesté peut, de droit, annuller un Contrat temporaire que cette Abbaye a fait avec la Ville de Dantzig. Elle peut le faire, par les suites du *Pouvoir éminent* que le droit naturel donne à chaque Souverain de régler & de diriger l'usage que ses Sujets doivent faire de leurs biens, & de rompre les conventions qu'ils ont faites contre le bien de l'Etat (1). Si les Rois de Pologne ont permis que l'Abbaye d'Oliva disposât de son bien, comme elle l'a fait, le Roi de Prusse n'est pas obligé d'en faire autant, puisque les intérêts de la Prusse & de la Pologne sont différens, & que l'Abbaye d'Oliva & la Ville

(1) *Puffendorff*, Jus Nat. l. 8, c. 5, §. 7. *Wolff*, Jus Nat. p. 8, c. 1, §. 110.

de Dantzig ne sont plus membres d'un même Etat.

Le Roi pourroit aussi, comme Souverain & Patron de l'Abbaye, annuller & révoquer ce Contrat que le Couvent d'Oliva a fait d'une manière contraire aux Loix Canoniques, lesquelles défendent d'aliéner, ou même d'affermer pour long-tems (c'est-à-dire, pour plus de dix ans, dans le sens des Loix) des biens Ecclésiastiques qu'il n'étoit pas d'usage d'affermer, tel qu'est le fonds en question, & qui mettent la peine de nullité sur ces sortes de locations, qui se font sans les solemnités prescrites; savoir, la connoissance de cause, décret, subhastation, approbation de l'Ordre & du Pape : solemnités dont aucune n'a été observée dans ce cas (1).

Enfin, quand on examine de bien près le Contrat mentionné, il ne regarde pas même proprement le fonds sur lequel est placé le Port actuel de la Vistule, mais seulement un fonds qui y est contigu & voisin.

La Ville de Dantzig, par ce Contrat em-

(1) *C. un X.* de rebus Ecclesiasticis. *Van Espen*, Jus Ecclesiast. p. II, tit. 36, cap. 2, §. 2, 3, 6. *Concil. Trident.* Seff. 25, cap. 11. *Boehmer*, Jus Ecclesiast. tom. II, lib. 3, tit. 13, §. 30.

phytéotique, n'a donc acquis ni pu acquérir aucun droit territorial, ſoit ſur le Port actuel de la Viſtule même, ſoit ſur le terrein qui y eſt contigu. Auſſi l'Auteur des *Réflexions* s'efforce-t-il d'établir cette acquiſition ſur d'autres titres plus forts, dans les §§. 2 & 3, leſquels, quoique partagés, ne ſont en effet qu'un ſeul raiſonnement, & peuvent par conſéquent être réunis & concentrés, pour éviter une prolixité inutile.

Cet Auteur y fait l'hiſtoire du Port actuel de la Viſtule, & en tire ſes concluſions de la manière ſuivante, en ſubſtance :

« Que l'embouchure de la Viſtule, appelée » *le Norder-Tief*, ou *Fahrwaſſer*, étant de» venue ſucceſſivement plus pénible pour la » navigation, tandis que, vers le continent, » à une certaine diſtance du terrein apparte» nant à l'Abbaye d'Oliva, on découvroit un » fonds remarquable, la Ville de Dantzig y » avoit fait creuſer & piloter, il y a un ſiècle, » le canal ou Port actuel, qu'on appelle *le* » *Weſter-Fahrwaſſer; que ce canal avoit été* » *placé ſur le fond de la mer;* qu'en faiſant » enlever, par le creuſement, & jeter des » deux côtés la terre provenue de ce fonds, » elle avoit formé les deux bords du canal,

» dont celui de l'occident étoit contigu aux » anciennes limites de l'Abbaye, & celui du » nord à la *Plate*; que, par le même moyen, » elle avoit formé l'île de la *Plate*, qui n'a- » voit auparavant existé que comme un banc » de sable, & changeoit encore souvent de » forme; qu'ainsi, la Ville avoit tiré du fond » de la mer, & créé, à ses dépens, le Port » actuel de la Vistule, ses bords & la *Plate*; » qu'elle avoit été autorisée à le faire, par le » droit dont elle jouissoit, d'avoir & d'admi- » nistrer un Port, & par le privilège que Ca- » simir, Roi de Pologne, lui avoit donné en » 1457, de régir d'une manière absolue la na- » vigation & les côtes dans toute l'étendue » de la Prusse Polonoise; que l'Abbaye d'O- » liva ne pouvoit former aucune prétention » sur un canal placé sur le fond de la mer; » qu'elle n'avoit ni le droit du Port, ni aucun » titre sur la mer; que ses limites n'alloient » que jusqu'au bord occidental du Port actuel; » que, selon le privilège de 1342, le droit » de propriété de l'Abbaye ne devoit s'étendre » que jusqu'au bord de la mer, sous laquelle » dénomination on ne pouvoit entendre d'autres » bords que ceux qui avoient existé en 1342; » qu'en ne lui contestant pas le droit d'accrois-

» ſement de ſon bord ou rivage, on ne pou-
» voit lui accorder un accroiſſement ſur les
» bords d'un Port conſtruit par la Ville;
» que l'Abbaye pouvoit prétendre le bord de
» la mer & de la Viſtule, mais non la mer
» & la rivière même, ſur le fond deſquelles
» ſe trouvoit le Port; qu'elle pouvoit encore
» moins réclamer l'île de la *Plate*, qui s'étoit
» formée, depuis un ſiècle, du côté du bord
» ſeptentrional du Port, & qui avoit toujours
» été ſéparée de la côte occidentale par un
» fonds; qu'enfin la propriété de ces bords
» & de la *Plate* avoit été confirmée à la Ville
» par un Reſcript Royal, du 17 avril 1732,
» & faiſoit par conſéquent partie de ſon terri-
» toire ».

Tous ces argumens ne ſont fondés que ſur des faits allégués ſans preuve, & ils ne pechent pas moins par les principes que dans les concluſions.

On ne s'arrêtera pas ici à examiner ſi tout ce que la Ville de Dantzig avance touchant l'origine & la conſtruction du Port actuel de la Viſtule, eſt exactement vrai. Il ſe peut qu'elle ait contribué à former ce Port par ſes creuſemens : ce qu'on laiſſe indécis. Mais cette circonſtance ſeule ne ſauroit lui en aſſurer une propriété irrévocable dans un terrein étranger : & elle en auroit assez long-tems joui pour la compensation des frais qu'elle peut y avoir mis.

Le point essentiel, d'où dépend la décision de toute la dispute, roule sur les questions :

Si la Ville de Dantzig a été en droit de placer le Port là où il est actuellement ; si c'est sur le fond de la mer, & hors du rivage de l'Abbaye d'Oliva, qu'elle l'a placé, & si par-là elle a pu acquérir un droit de propriété irrévocable sur le Port actuel !

Toutes les autres allégations & discussions sont étrangères à l'objet principal du litige, & ne font qu'obscurcir & envelopper la vérité.

Quand la Ville de Dantzig assure avoir placé le Port actuel sur le fond de la mer, elle assure un fait, & un fait si important & si contraire à la vue du local, qu'elle ne peut pas prétendre d'en être crue sur sa simple assertion, mais qu'elle doit en fournir des preuves suffisantes. Elle ne l'a fait jusqu'ici qu'en alléguant simplement des plans qu'elle a fait faire de son côté, & qui peuvent prouver tout au plus que la Ville a fait creuser un Port ou canal à l'endroit où il est actuellement, mais non pas que cet endroit ait fait alors partie de la haute mer, & non du rivage de l'Abbaye d'Oliva; ce qui seroit à prouver.

Il en est de même des bords du canal & de l'île de la *Plate*, qu'elle n'a pas prouvé & ne peut pas prouver par ses cartes d'avoir créé, comme elle le prétend.

La preuve inductive que la Ville de Dantzig voudroit tirer du privilège de l'Abbaye d'Oliva, de l'an 1342, ne fait que détruire sa cause, & établir celle de l'Abbaye d'une manière peu équivoque.

C'est, en premier lieu, un principe très-faux en soi-même, que les limites de l'Abbaye, déterminées par son privilège de 1342, sur les bords de la mer, doivent rester fixées pour jamais, & d'une manière invariable aux bords de la mer, tels qu'ils étoient en 1342. Au contraire, comme les bords de la mer varient, les limites de l'Abbaye doivent, par cette détermination même, & par le droit d'*Alluvion* que la Ville de Dantzig ne conteste pas à l'Abbaye, toujours suivre les bords de la mer; & cela d'autant plus, que le privilège de 1342 n'est pas le premier ni le dernier que l'Abbaye a reçu de ses Souverains, mais qu'il a toujours été renouvelé jusqu'aux tems plus récens, dans les mêmes termes : d'où il résulte que les bords de la mer, tels qu'ils sont lors de la date de son privilège le plus moderne, sont toujours ses limites.

La Ville de Dantzig commet ensuite un cercle vicieux, en supposant gratuitement & sans preuve ; que les bords de la mer ne s'étendoient pas, en 1342, jusqu'au Port actuel, & jusqu'à l'île de la *Plate*. Elle fait plus, en cachant au Public que ce privilège contient une clause qui prouve justement le contraire en faveur de l'Abbaye. Il y est dit clairement, *que les limites de l'Abbaye alloient de l'embouchure du ruisseau de Svilina, le long du rivage de la mer, jusqu'au Port de la Vistule* (1). Or, le seul Port de la Vistule, qui existoit alors, étoit l'ancien Port, ou *le Norder-Gatt* ; la surface du Port nouveau & actuel, ainsi que de l'île de la *Plate*, contigue à l'ancien Port, devoit se trouver dès lors, comme elle se trouve aujourd'hui, selon la vue du local, dans l'étendue du rivage de la mer depuis la Svilina jusqu'à l'ancien Port. Cette surface appartenoit donc, en 1342, au

(1) *Voyez* cette Déduction, p. 7, & la note 5.

propriétaire de ce rivage, c'est-à-dire, au Couvent d'Oliva, même d'après son privilège de cette année, allégué par la Ville de Dantzig : & les Souverains de la Pomérellie, ayant souvent renouvelé ce privilège audit Couvent, dans les mêmes termes, ils lui ont aussi confirmé & renouvelé, chaque fois, le même rivage, & par conséquent aussi la propriété de la surface, qui comprend le Port actuel & l'île de la *Plate.*

Quand ces privilèges disent que tout le rivage de la mer, depuis la Svilina jusqu'à l'ancien Port de la Vistule, appartenoit à l'Abbaye, il en résulte que la surface du Port actuel & de la *Plate* devoit aussi être rivage ou terrein baigné par la mer, & non la mer même; puisque, dans le cas contraire, & si cette surface avoit appartenu à la mer, on n'auroit pas pu dire que le rivage de l'Abbaye alloit jusqu'à l'ancien Port; mais il en seroit resté éloigné.

Quand on regarde aussi, sans prévention, la carte de toute cette contrée, & qu'on la compare avec les privilèges de l'Abbaye, on doit être convaincu que la Ville de Dantzig n'a jamais eu de rivage du côté occidental de la Vistule; que tout ce rivage appartient à l'Abbaye d'Oliva; que l'île de la *Plate* eſt contigue au continent de l'Abbaye, & qu'elle n'en a été ſéparée que par le Port factice de la Ville de Dantzig. S'il y a eu là une profondeur, comme la Ville l'avance ſans preuve, ou que ce terrein ait même été inondé pendant quelque tems par la mer, la Ville n'y avoit pourtant pas plus de droit que l'Abbaye. Celle-ci avoit du moins le droit de recouvrer ſon terrein, ſoit à titre de récupération *jure poſtliminii*, ſoit par le droit d'*Alluvion*; & la Ville a fait une injuſtice manifeſte à l'Abbaye, en empêchant cette alluvion par le creuſement du canal.

Le droit que la Ville de Dantzig allègue d'avoir un Port, ne lui donne pas le pouvoir d'établir des Ports ſur toute la côte de la Pruſſe Polonoiſe, hors de ſon rivage particulier: & un droit auſſi exorbitant ne ſauroit réſulter non plus du privilège qu'elle prétend avoir reçu du Roi Caſimir de régir la navigation & les côtes de la Pruſſe Polonoiſe. D'ailleurs, ce privilège n'a pas pu déroger aux privilèges tant antérieurs que poſtérieurs, que le Couvent d'Oliva a reçus ſur la propriété du rivage de la mer & de la Viſtule, & que le même Roi Caſimir lui a confirmés dans le même tems qu'il a donné le fufdit privilège à la Ville de Dantzig. Le privilège de cette Ville ne peut donc lui donner d'autre droit que celui d'établir fon Port fur fon propre rivage, ou fur le fond de la mer; & comme elle n'a pas prouvé de l'avoir fait, l'induction qu'elle tire de ce privilège, n'eft guère concluante.

Il en eft de même de l'argument que l'Abbaye ne pourroit former aucune prétention fur le port actuel de la Viftule, parce qu'elle n'avoit point le droit de Port, ni aucun titre fur le fond de la mer & de la rivière, mais tout au plus fur le rivage. Cette objection porteroit coup, fi la Ville avoit prouvé d'avoir établi le Port actuel fur le fond de la mer; mais elle n'a pas fait cette preuve, & l'Abbaye ne prétend pas un droit de Port, ni la propriété du fond de la mer; elle ne réclame le Port actuel, que comme faifant partie de fon terrein, dans lequel il eft enclavé.

Dans le tems que la Ville de Dantzig commença à creufer le nouveau Port, elle ne contefta pas à l'Abbaye la propriété du fond du Port & de la Plate, elle ne chercha à s'en emparer que fous le prétexte d'un ufage innocent & précaire. Lorfque l'Abbaye

fe

ſe plaignit au Magiſtrat de Dantzig de ce qu'il faiſoit ce nouveau Canal ſur ſon fond, ſans ſon conſentement & à ſon grand préjudice, celui-ci chercha à éluder cette plainte en répondant : *Que ce Canal n'étoit pas un nouvel ouvrage, & que le terrein de l'Abbaye, au lieu d'en ſouffrir du préjudice, étoit amélioré par la terre graſſe qu'on y portoit du fond du Canal.* Cette réponſe fut donnée en 1691, & répétée quelques années après, dans une autre occaſion (1). L'Abbaye n'y acquieſça pas, elle interpella ſouvent la Ville ſur les injuſtices qu'elle lui faiſoit; & n'ayant pu obtenir aucun redreſſement de ſes griefs par la voie des proteſtations & des repréſentations, elle a intenté un procès formel au Magiſtrat de Dantzig, en 1724, devant le Tribunal Royal de Varſovie, & a ſolemnellement réclamé contre les uſurpations que la Ville de Dantzig faiſoit ſur ſes limites, ſur les bords de la mer, & particulièrement ſur ſon terrein, l'*Ile de la Plate.* L'Inſtigateur ou Fiſcal de la Couronne adhéra à cette action, & en conſéquence, ledit Tribunal Royal adreſſa au Magiſtrat de Dantzig, le premier

(1) *Voyez* Extrait de la Correſpondance qui a eu lieu à ce ſujet, dans les Pièces juſtificatives, n°. II.

septembre 1724, un Rescript de Justice & de citation (1), par lequel il lui défend, sous peine de 5000 ducats, toutes les usurpations dont se plaignoit l'Abbaye, & en particulier l'établissement d'une Auberge à bierre dans l'île de la Plate. Le même Tribunal donna, le premier février 1725, une Sentence interlocutoire (2), qui renvoie l'affaire principale à une autre séance, mais défend de nouveau au Magistrat de faire exercer aucune hôtellerie dans la Plate, ensuite de quoi le Magistrat a aussi fait cesser & démolir l'Auberge en question. L'Abbaye n'a pas été en état de pousser l'affaire principale contre une partie aussi puissante que le Magistrat de Dantzig; cependant, cette affaire est devenue litigieuse & pendante en Justice, sans avoir été définitivement décidée par le Rescript de 1732, que le Magistrat de Dantzig allègue, mais dont l'Abbaye n'a aucune connoissance. Moyennant ces procédures, toute possession & prescription que la ville de Dantzig vouloit alléguer, a été interrompue tant de la part de l'Abbaye que de celle du Souverain. Si la ville de Dantzig vouloit objecter que, dans

(1) *Voyez* les Pièces justificatives, n°. III.

(2) *Voyez* les Pièces justificatives, n°. IV.

ce Procès, il n'avoit pas été question du Port actuel, mais seulement de quelques droits particuliers sur l'île de la Plate, on lui répond que cette île même a fait un objet incontestable du Procès; que le Port situé entre la Plate & le Continent de l'Abbaye, doit, comme un accessoire, suivre le principal; & que si l'île de la Plate est adjugée à l'Abbaye, comme faisant l'extrémité de son rivage, le Port, qui est en-deçà de cette île, ne peut pas manquer de lui être adjugé également. Cette cause ne manqueroit pas d'être décidée en faveur de l'Abbaye, dans un Procès-Civil; mais à présent elle ne sauroit être agitée que d'Etat à Etat, ou comme une contestation entre les Sujets des deux Nations.

On a donc fait voir que la Ville de Dantzig n'a pas prouvé d'avoir placé le Port actuel de la Vistule sur le fond de la mer; on a même prouvé le contraire, savoir: que le fond de ce Port & l'île de la Plate appartiennent à la propriété de l'Abbaye d'Oliva, en vertu de ses Privilèges; que l'Abbaye, loin de céder ce fonds à la Ville de Dantzig, ce qu'elle n'auroit pas même pu faire selon le Droit Canonique, ou de consentir au creusement du Port qui est est fait, a fortement réclamé contre les usurpations de la Ville de Dantzig, par un Procès formel qu'elle lui a intenté & qui est encore pendant; de sorte que la Ville de Dantzig n'a jamais eu une propriété légitime du Port actuel, mais seulement une possession précaire & violente.

En supposant même, ce qu'on n'accorde pourtant pas, que la Ville de Dantzig ait creusé le Port actuel dans le fond de la mer, vis-à-vis du Continent de l'Abbaye d'Oliva, elle ne pourroit pourtant pas en garder la propriété dans les circonstances présentes. Selon les principes du Droit des Gens (1), la mer, ou la côte maritime, dont les Ports, les Havres & les Rades font une partie incontestable, appartient au Souverain du territoire adjacent, aussi loin qu'il peut l'occuper ou maintenir. Ainsi, dans le cas supposé, que le fonds en question ait été couvert de la mer, il appartenoit aux Rois de Pologne, comme Souverains de la Pomérellie & de la côte de ce pays; ceux-ci pouvoient permettre à la Ville de Dantzig d'en jouir & même disposer de ce fonds entre l'Abbaye d'O-

(1) *Grotius*, *Puffendorff*, *Wolff*, Jus Gent. §. 128. *Stypmann*, de jure Maritimo, p. 55.

liva & la Ville de Dantzig, pendant qu'elles étoient Membres d'un même Etat; ce qu'ils n'ont pourtant pas fait, rendant plutôt & laissant cette affaire litigieuse, comme il a été prouvé ci-dessus. Mais le Roi ayant revendiqué la Pomérellie, & par conséquent aussi le Domaine de la Mer, contigue à son territoire, Sa Majesté a aussi acquis le Droit territorial sur le Port actuel de la Vistule, qui est situé soit sur le rivage appartenant à l'Abbaye d'Oliva, soit sur le fond de la mer contigue à ce rivage & à son territoire; par conséquent, Sa Majesté peut, en vertu de sa Souveraineté & du Pouvoir éminent qui en découle, disposer d'un Port qui lui appartient de façon ou d'autre; & il n'y a rien qui puisse l'engager à en laisser jouir plus long-tems une Ville, qui lui est étrangère, comme celle de Dantzig.

Ces mêmes principes détruisent la force des argumens que l'Auteur des *Réflexions* voudroit tirer du Droit de Port & des Privilèges de la Ville de Dantzig, & qu'il reprend dans le §. 5, où il soutient:

« Que le Droit, l'usage & la propriété du » Port avoit toujours fait une des essentielles » & plus anciennes prérogatives de la Ville

» de Dantzig, depuis sa première fondation,
» & sous tous ses différens Souverains; que
» les Rois de Pologne, Casimir & Etienne
» Bathori, la lui avoient confirmée, avec
» la concession du Droit absolu de régir la
» Navigation ainsi que toutes les Côtes de la
» mer dans toute l'étendue de la Prusse Polo-
» noise; que par-là, elle avoit acquis, exclusi-
» vement, le Droit de Port sur toute cette
» côte; que ce Droit n'étoit aucunement af-
» fecté & borné à un certain endroit, mais
» qu'il embrassoit toutes les différentes em-
» bouchures de la Vistule, selon la variation
» de son cours, ce qui avoit produit les deux
» Ports du Nord & de l'Occident; que les
» Abbés d'Oliva & tous les Possesseurs de
» la Côte qu'on appelle le *Putziger Winkel*,
» avoient fait constamment hommage à ce
» Droit exclusif de la Ville de Dantzig, &
» que lorsqu'ils avoient voulu exercer quelque
» Droit appartenant au Port, ils en avoient
» été repris par des Rescripts de la Cour de
» Varsovie », &c.

Tous ces argumens ne décident rien pour la Ville de Dantzig, & ne roulent que sur des cercles vicieux ou sur des assertions avancées sans preuve.

La Ville de Dantzig ne sauroit prouver, par aucune Sanction positive, qu'elle a le Droit d'un Port & que ce Port appartient à son existence; elle ne prouve ce Droit que par des interprétations forcées & par des inductions précaires, tirées de sa situation & du Commerce. Il y a beaucoup de Villes qui font un Commerce florissant sans avoir un Port; d'autres ont eu des Ports qui, par le changement des rivières, ou par d'autres vicissitudes humaines, n'en ont plus. On ne veut pas absolument contester à la Ville de Dantzig, le droit d'avoir un Port sur son rivage & dans son terrein particulier; mais on ne lui accorde pas, & elle n'a aucunement prouvé, qu'elle ait ce droit, exclusivement sur toute la côte de la Prusse Polonoise, & qu'elle puisse établir ses Ports dans toute l'étendue de cette Côte, & dans toutes les embouchures de la Vistule, même hors de son rivage & terrein, & sur celui de ses voisins, contre leur gré & sans leur consentement. Un Droit si étendu & si extraordinaire ne résulte pas du simple Droit du Port; il faudroit, pour cet effet, des Concessions ou des Conventions particulières & très-expresses, que la Ville de Dantzig ne produira jamais. Les

Privilèges des Rois Casimir & Etienne, que la Ville allègue, ne statuent rien de pareil. Il y est dit : *que la Ville de Dantzig doit avoir la faculté de régir & d'administrer la Navigation & les Côtes de toute la Prusse Polonoise, d'y permettre ou de prohiber la Navigation, cependant, N. B. sous le bon plaisir des Rois de Pologne* (1). Ces expressions assez obscures ne sauroient être entendues que d'une inspection & direction spéciale du Commerce & de la Navigation sur la côte de la Prusse; mais la Ville de Dantzig ne sauroit, par aucune interprétation, en tirer un Droit exclusif d'établir ses Ports par-tout, même hors de son terrein particulier. Nous avons, d'ailleurs, déjà observé que les Privilèges de la Ville de Dantzig ne sauroient déroger aux Privilèges plus clairs & constamment renouvelés de l'Abbaye d'Oliva, qui lui assurent la propriété de tout le rivage de la mer, compris dans ses limi-

(1) L'original latin du Roi Etienne, de 1585, porte ce qui suit : *Confirmamus civitati privilegium Casimiri Regis de 1457, quod de facultate navigationes & littora regendi, administrandi, navigationem aperiendi & claudendi, cum nostro tamen consensu & voluntate, disponit.*

tes, avec toute utilité quelconque. Si cette Abbaye & n'a ne prétend pas le Droit du Port, elle a pourtant la propriété du fond de ce Port, & le Droit du Port appartient, comme une chose publique, au Souverain du territoire.

Après tout, s'il étoit même vrai que les Rois de Pologne, qui réunissoient la possession de la Pomérellie & de la Ville de Dantzig, eussent donné à cette Ville des Privilèges si étendus, & que, par un motif de leur convenance ou de l'intérêt commun de leur Etat, qui subsistoit alors, ils lui eussent communiqué une partie de leurs Droits de Souveraineté, tels que le Droit exclusif du Port & de Direction absolue de la Navigation, il n'en résulteroit pourtant aucune obligation ni aucun motif pour le Roi, qui tire son Droit de Succession en Pomérellie, non des Rois de Pologne, mais des anciens Ducs de Poméranie, d'en agir de même & d'abandonner ses Droits éminens, les intérêts de son Etat, & sur-tout la propriété du Port de la Vistule, situé dans son territoire, à la Ville de Dantzig, après que cette Ville a été séparée de son territoire; que les intérêts des deux Etats sont venus à être séparés, &

que les motifs des Concessions particulières données à la Ville de Dantzig, ont cessé. Cette Ville pourra continuer à exercer son Droit de Port sur son rivage & terrein particulier, & sur-tout dans son ancien Port, le Nordergart, où est encore présentement le principal courant de la Vistule; elle pourra même faire usage du Port du Roi; mais elle ne sauroit exiger, qu'on lui abandonne plus long-tems la jouissance & les revenus de ce Port, qui n'est pas situé dans son territoire.

Les inductions que le Magistrat de Dantzig s'est efforcé de tirer dans un certain mémoire exhibé au Commissaire du Roi, de ce que la Ville étoit fondée sur la Vistule, & qu'elle y possédoit, depuis long-tems, le fort Weischselmünde, pour couvrir le Port de la Vistule, peuvent aisément être réfutées, quand on y applique les principes sus-allégués. Les Rois de Pologne, comme Souverains de tout ce pays, pouvoient laisser à la ville de Dantzig la disposition de toute la Vistule, avec toutes ses embouchures & les deux rivages; mais comme le territoire vient d'être séparé, le Roi a obtenu, par les principes du Droit naturel, un droit incontestable sur la Vistule.

jusqu'à la moitié du courant dans toute l'étendue où la rivière sépare les deux territoires; & là où les deux bords appartiennent à son territoire, la rivière entière lui appartient avec les ports & embouchures qui s'y trouvent, ce qui est le cas présent.

Enfin, si le Roi a déclaré que la Ville de Dantzig avec son territoire doit rester exceptée de sa prise de possession, il n'en suit pas qu'elle doive rester avec un Port ou du moins pas avec le Port actuel; il faudroit prouver auparavant, que le Port actuel de la Vistule fait une partie de son territoire excepté de la prise de Possession.

Comme on a donc prouvé avec évidence que le Port actuel de la Vistule appartient de droit au Roi, en qualité de Souverain de la Pomérellie & de l'Abbaye d'Oliva, dans la propriété & le terrein de laquelle se trouve ce Port, l'effet immédiat & la conséquence naturelle en est, de l'aveu de l'Auteur *des Réflexions*, §. 6, & de la Ville de Dantzig même, que la perception des Droits & Péages, que payent les navires & marchandises qui y passent, lui doit également revenir. Ces droits se payant pour l'usage du Port, sont inhérens au Port, quoiqu'ils puissent être payés autre part. Il se peut que la Ville de Dantzig en ait joui pendant long-tems; mais ce n'est que par la Concession des Souverains de la Pomérellie & de la Prusse, qui lui ont bien voulu abandonner cette partie de leurs Droits Régaliens. C'est ce que les Rois de Pologne, sur-tout *Etienne Bathori* & *Vladislas IV*, ont toujours soutenu; &, par cette raison, le premier obligea la Ville de lui payer, par le Traité de 1585, qu'on appelle à cette cause *Tractatus Portorii*, la moitié des droits du Port, qu'on nomme *Phalgelder*. Ce partage des droits du Port fournit une nouvelle preuve que ces droits appartiennent proprement au Souverain du pays, & que la Ville de Dantzig ne les a tenus que de sa Concession.

Si les Rois de Pologne, qui réunissoient sous leur domination le Port de la Vistule & la Ville de Dantzig, n'ont laissé à cette Ville que la moitié des revenus du Port à la charge de son entretien, à plus forte raison, le Roi de Prusse, après être devenu Seigneur Territorial du Port actuel de la Vistule, sans posséder la Ville de Dantzig, est-il autorisé à s'approprier tous les revenus & droits affectés à son Port, sans en laisser une partie à une

Ville qui n'eſt pas du même territoire avec le Port actuel, & qui n'a plus l'entretien du Port, ni d'autres motifs à alléguer pour y participer comme le Gouvernement précédent.

Les raiſons politiques que l'Auteur des *Réflexions ſur la propriété du Port de Dantzig*, allègue pour ſoutenir que cette Ville doit être maintenue dans la poſſeſſion & jouiſſance du Port actuel de la Viſtule, ne ſont pas plus fortes que celles du Droit, & n'exigent pas une réfutation détaillée; c'eſt pourquoi on ſe bornera à y répondre par quelques réflexions eſſentielles.

Il n'exiſte aucun motif qui doive engager le Roi à ſacrifier ſes droits & ſes intérêts au bien-être de la Ville de Dantzig; cependant on ne ſauroit convenir que la conſervation & l'exiſtence de cette Ville & de ſon Commerce puiſſe & doive être attachée à la poſſeſſion du Port actuel & des droits qui en dépendent. Le Magiſtrat aura quelques revenus de moins; mais il aura auſſi moins de dépenſes à faire pour la conſervation & l'entretien du Port. Le Commerce de la Ville & des Nations étrangères ne ſera point affecté de ce changement, pourvu que le Magiſtrat de Dantzig veuille ſe prêter à un arrangement raiſonnable, que le Roi lui a fait offrir par un Commiſſaire expreſſément envoyé, pour cet effet, à Dantzig, & pourvu que ce Magiſtrat n'inſiſte pas ſur la double perception du Péage, comme il a fait juſqu'ici. Dans ce cas, les Nations étrangères n'auroient qu'à s'en prendre uniquement audit Magiſtrat, du préjudice que leur Commerce pourroit ſouffrir. D'ailleurs, Sa Majeſté eſt très-portée d'inclination & par ſon propre intérêt, à favoriſer le Commerce de la Ville de Dantzig & celui que les Nations étrangères y font: & il ne dépendra pas d'elle, qu'il ne ſoit rendu encore plus floriſſant s'il eſt poſſible.

PIECES JUSTIFICATIVES.

N°. I.

PRIVILEGE donné au Couvent d'Oliva par Suantepolc, Duc de Poméranie, de l'année 1235.

IN Nomine Sancte & Individue Trinitatis Amen. Ego Swantopolcus DEI gracia Dux Pomeranorum, omnibus presentia visuris in perpetuum. Quoniam indesinenter contra bonitatem pugnat malitia & emulatio adversarii per callida fraudis sue commenta sancte conversationis insequitur studia, justum est pie viventibus Principum adesse presidia, ne cujuslibet temeritatis incursus eos à proposito revocet aut robur, quod absit, sacre Religionis infringat. Quapropter notum esse volumus omnibus tam presentibus quam futuris, quod Dilectos in Christo Fratres Monasterii de Oliva Ordinis Cisterciensis paternum sequentes propositum speciali affectu amplectimur & diligimus, & presentis scripti privilegio communimus; imprimis confirmantes eis quascunque possessiones, quecunque bona idem Monasterium in presentiarum juste possidet, Nostra sive Patris Nostri Domini Mistwin seu Patrui Nostri Samborii & Filii Ejus Subizlai sive etiam Fratrum Nostrorum Samborii & Ratiborii donatione vel collatione, coemptione, vel fidelium oblatione, seu aliis justis modis adepti sunt, ut firma eis eorumque Successoribus & illibata perpetuo jure permaneant; in quibus hec propriis duximus exprimenda vocabulis: Locum ipsum in quo constructum est prefatum Monasterium cum omnibus attinentiis suis, Villam Gransow, Golustdoho, Starchow, Sintimicz, Bargnewitz, Lacum qui dicitur Saspi cum pratis circumjacentibus usque in rivulum qui Striza nominatur, & eundem rivulum per totum cum utroque littore, cum molendinis in eo constructis, & in posterum construendis à Lacu Cholpin, unde scaturit descendendo usque in Wizlam & ab eo loco per totam Wizlam usque in mare liberam piscationem, capiendi Rumbos, Esoces, vel alios quoscunque pisces, quibuslibet retibus vel instrumentis, predictis Viris Religiosis Fratribus Olivensibus & eorum Successoribus libere

libere donamus, & perpetuo confirmamus; ftationem etiam que eft in Oliva cum omni jure & proventu allecum de navibus in eadem ftatione allec capientibus, *littus quoque Maris ipforum terminis interclufum, cum omni utilitatis proventu, gemmarum, pifcium & navium*, vel indifferenter quarumcunque rerum ad idem per tempeftatem maris aut ventorum impetum ejectarum ipfis de certa fcientia confirmamus & in perpetuum libere conferimus & donamus, diftrictius inhibentes, ne quis fine ipforum beneplacita voluntate quidquam talium audeat attrectare aut colligere, fed omnia ipforum ufibus defervire volumus imminuta. Si qui etiam pifcatores fub eorum littore pifcari voluerint, & ad illud fagenam traxerint, aut ftationem ibi fecerint debitam eis & confuetam dare tenebuntur de captis pifcibus five Sturiones, five Efoces, feu cujufcunque generis pifces fuerint, portionem. Prata quoque in Neria, que funt inter magnum & parvum Wariwod, locum Molendini in Raduna cum prato fibi proximo, & liberam claufuram & pifcationem in ftagnis ibidem adjacentibus, Villas quoque fubfcriptas à Subiflao Noftro Patruele ipfis collatas: Plauono, cujus termini funt ad lapideum pontem Hoſtritza, Slcowarnico, Sireſna & Waſino, grangiam preterea Starini cum Villa ejuſdem nominis, Triſtitzam, Rumnam, & ſecundum clauſuram in Rada, Villas etiam in Oxivia, Moſt cum inſula ejuſdem nominis, & liberam piſcationem in parvo Mari & in portu prefate inſule, omnemque proventum utilitatis ibidem, excepta ſola captura allecis, quam ad uſum menſe Noſtrę reſervamus; de aliis piſcibus autem ſi ibidem capti fuerint, juxta conſuetudinem terre debitam recipiant portionem, Villam Cochow & ſtationem eodem nomine nuncupatam, Pierwoſina, Zbichova, Koſſakowicz, Kiedryno, Naſencina, Nuuitow, Dambogora, Villas quoque Monialium Sarnowicz, Luibecow, Gardlino, Pribrodowicz, & totum ſtagnum Peſnitzam uſque in mare, ſtationem ibidem liberam & omnem proventum de navibus allec in ea capientibus & unam navem ad capiendum allec, rumbos vel alios piſces prefatis Sanctimonialibus de Sarnowicz liberam aſſignamus, Gmewam etiam cum tota Wanſca, ſicut in aliis privilegiis Noſtris lucidius continetur, & ex Donatione Domini Samborii Fratris Noſtri, hereditatem Radeſtow & in Raicow terram arabilem ad decem aratra theutonicalia, & omnes hereditates, seu possessiones ipsis à Progenitoribus Nostris collatas confirmamus. *Volumus etiam & statuimus ut si aliquando Civitas Gdanensis jure teuthonico à Nobis, sicut intendimus, vel à Successoribus Nostris locata fuerit, si que libertates vel jura eidem civitati collata fuerint, terminos & libertates Fratrum predicti Monasterii Olivensis prorsus non infringant, nec ipsis in molendinis, tabernis, pratis, pascuis, sylvis, venationibus, piscationibus sive in aliis bonis eorum præjudicium aut gravamen aliquod inferant, sed omnia bona prenominata ab omni impetitione prefate ut dictum est Civitatis, absoluta omnino fore decernimus & exempta;* pro decima vero tabernarum & *telonei* prefate Civitatis Gdanensis, quam sibi iidem Fratres ex primitivo dono Domini Samborii Patrui Nostri justo titulo vendicabant, unam navem in salso & unam in recenti mari, & unam sagenam liberam in omni Nostro Dominio, in quacunque statione ipsis complacuerit ad capiendum allec, rumbos & Esoces vel alios cujuscunque generis pisces tam hyemis tempore quam estatis, eisdem Fratribus perpetua conferimus libertate, hominibus etiam ipsorum juxta Mare residentibus, quoslibet pisces sicut Abbati complacuerit libere concedimus capere, alias vero extra terminos ipsorum juxta consvetudinem communis terre piscabuntur. Preterea ut presata domus Oliva locus Sepulture Parentum Nostrorum, ubi & Nos omnium auctore DEO favente cupimus sepeliri, specialis privilegio gaudeat libertatis, omnes Colonos & servientes, res & Naves ipsorum in omni Dominio nostro à solutione telonei decernimus fore exemptos, & omnia bona prenominata cum omnibus attinentiis seu utilitatibus suis, in agris, pratis, pascuis, sylvis, piscationibus, venationibus, molendinis, tabernis, mellificiis, cum omni proprietate & juris integritate ipsis confirmamus, cum omni judicio cujuscunque cause vel delicti inter terminos hereditatum predicti Monasterii sive in viis vel semitis vel in aliis locis quibuscunque perpetrati, sive civilem vel criminalem contineat questionem, cum omnibus judiciorum proventibus ac penis pro delictis quibuscunque nominibus censeantur, insuper prohibentes, ne quis Nostrorum Judicum intra terminos ipsorum judicare presumat, aut ipsorum judiciis, nisi vocatus & rogatus adesse quomodolibet audeat, ne sic ipsorum libera judicandi facultas possit arte callida imposterum infirmari: inhibemus etiam ne coloni eorum Urbes edificare vel reparare cogantur, nec ullus Judicum secularium eis molestus sit in ullo negotio, sed liberi sint ab omni onere secularis exactionis, videlicet advocatie, communis placiti, expeditionis, urbani operis vel qualiscunque servitii Nostri sive Successorum Nostrorum. Ut ergo hec rata & inconvulsa predictis fratribus de Oliva perpetuo permaneant, Sigilli Nostri appensione cum Testium subscriptione presentem paginam roboramus. Testes sunt Mistwi Filius Meus, Dominus Symon, Andreas & Woyciech Sacerdotes, Gneomarus Palatinus in Gdanz & Filius Ejus Wenceslaus Subcamerarius, Bartholomeus Pincerna & Filius Ejus Zezlaus, Swanteko Subpincerna & alii quam plures fide digni. Datum in Gdanz Anno Domini Millesimo Ducentesimo Trigesimo-quinto in vigilia Beati Laurentii Martyris.

*

N°. I I.

EXTRAIT *d'une Correſpondance entre le Magiſtrat de Dantzig & l'Abbaye d'Oliva.*

Gravamen XI Abbatiæ.

NOVUS Canalis ad Mundam nunc foditur, *ſine expreſſo conſenſu Domini, cum maxima ruina fundi Emphyteutici.* Quæ fabrica cum piſcaturam Olivenſium notabiliter obſtruat, & quod majus eſt, *perpetuam avulſionem* ſapiat, nullatenus concedi poteſt.

Reſponſum Magiſtratus Gedanenſis.

QUÆ ad fortalitium Mündenſe in præſenti inſtituitur veteris Canalis Weſtergard vulgo dicti, reſtauratio atque ad naves eo facilius recipiendum adaptio, ut novum opus conſiderari nequit, *eoque minus inde gravamen aliquid elici poterit, quo certius eſt, ſteriles atque arenoſas ibidem adjacentes terras, ex limo qui ex Canali educitur & in eaſdem co-*

piose egeritur, multo reddi meliores, adeoque commodum potius, quam incommodum quoddam Olivensibus terris eo ipso accedere. De cætero hanc ipsam veteris Canalis refectionem ex summæ necessitatis communisque utilitatis ratione suscipi res ipsa docet. Etenim non solum Civitatis hujus sed & universæ Reipublicæ maxime interest, ut commodus hic loci pro securitate navium servetur portus, imprimis cum Canalis alter, Nordergatt vulgo dictus, jam difficulter admodum naves recipiat.

N°. III.

Rescript de Justice & de Citation adressé par le Roi de Pologne Auguste II, au Magistrat de Dantzig, sur les plaintes portées par l'Abbaye d'Oliva, le 1er Septembre 1724.

Augustus Secundus DEI Gratia Rex Poloniæ, &c. Vobis Prænobilibus, Nobilibus, Spectabilibus, Honoratis ac Famatis

Burgrabio, Præ-Consuli, Consulibus, Advocato, Scabinis, Totique Magistratui, Ordinibus, ac Communitati Civitatis Nostræ Gedanensis, de Personis Bonisque Vestris generaliter omnibus ac causa infra scripta mandamus, ut coram Nobis Judicio Nostro Assessoriali Varsaviæ, aut ubi tunc cum curia Nostra feliciter constituti fuerimus, à data & positione præsentis Mandati Nostri in quatuor Septimanis celebrare seu tum, dum & quando Causa præsens ex Registro causarum publice ad judicandum vocata & acclamata incideret personaliter, legitime ac peremptorie compareatis. Ad Instantiam Generosi Instigatoris Regni ejusque Delatorum Reverendi in Christo Patris Francisci Zaleski Abbatis Nostri Olivensis, tum Rev. Prioris totiusque Monasterii Olivensis Actorum; qui Vos inhærendo Protestationibus, Manifestationibus ac Juribus suis, cum debita assistentia præsenti Citatione citant: quod licet de præscripto Jurium, Statutorum ac Constitutionum Regni Vobis optime notum fuerit, neminem de sua possessione vi ac violenter expellere, aliena bona vi apprehendere, Jus Justitiamque sibimet ipsis administrare debere; imo contra audentes rigorosas pœnas statutas esse:

vos nihilominus postpositis Juribus Publicis & Cardinalibus, immemoresque pœnarum contra expulsores & violentos turbatores statutas, ac si vobis impune præterire viderent, ausi estis temereque præsumpsistis præfatos Actores, ecclesiam, totumque eorum Monasterium Olivense Juribus, Libertatibus ac Privilegiis super latitudinem & longitudinem Fundorum *una cum certis Littoribus Maris Occidentis* & Vistulæ Olivensis Vobis melius per ascensum & descensum notis à Serenissimis olim Principibus Fundatoribus suis collatis, & per Serenissimos Antecessores Nostros Nostramque Majestatem confirmatis gaudentes, specifice à multo tempore prope à septem sæculis possidentes, præfatos Actorum Fundos & Littora vi & violenter armata manu invadere, facta Invasione dictos Actores de possessione Præfatorum Fundorum Littorumque maris ac Vistulæ jure legitimo ad Actores spectantes & pertinentes expulistis, violenter ademistis & occupastis, ultra limites Fundorum Monasterialium sese ingessistis, introduxistis, vobismet ipsis nullo Jure imo absoluto modo procedendo appropriastis. In utraque ripa Vistulæ piscationem liberam Actoribus jure permissam impedivistis, ac impedire non sinitis, in Littore Oliversi ad Canalem locum Fahrwasser dictum collocatis Militaribus excubiis Actores diversimode turbastis, & in majorem eorum aggravationem intra circumferentiam limitum & granitierum Fundi Olivensis, Receptaculum alias Cordegardiam pro Excubitoribus ædificare attentastis & Tentorium pro Militibus vestris variis in locis Actorum propriis, nempe in præfato Littore Monasteriali per vim ac potentiam disposuistis ac collocastis, in iisdem milites vestros ad continuandas fovetis, limum de præfato Canali expurgari per vos demandato in Pascua Olivensia Actorum propria, eidem Canali contigua circiter Mansorum spatio lata & longa egessistis ac injecistis, totaleque spatium Fundi fructiferum cum summo damno Actorum suffocastis, sterilemque effecistis, per quam suffocationem Villani Bresnenses à pascendis pecoribus tum & solutione censuum ac ferendis oneribus Reipublicæ cessarunt; Nec his contenti ut præfatos Actores omni accessu ad eosdem Mansos tum usibus privare posseris, invito Domino directo ejusdem Fundi, sepibus prædictum Fundum cinxistis & circumdedistis, Novam Austeriam in *loco Plate dicto Monasterii Fundo* recentissime in diminutionem

Proventuum erexistis & proventus indebitos Vobis auxistis, in Taberna Hakensi Fundo Olivensi liberam Tabernatori comestibilium & potabilium rerum pro navigantibus & itinerantibus distractionem, militibus Vestris impedire permisistis, insuper magnis majora accumulando, postquam resciveritis, nonnullos Rev. Patres pro recognitione collocatorum Tentoriorum & Excubiarum delegatos fuisse, eosdemque revertentes Centurioni cum 15 Militibus bene armatis ad inferendam vim & violentiam citissimis passibus insequi jussistis. Qui quidem milites, dum appropinquaverant Rev. Sacerdotes, non modo calumnias & contumelias verbales cum vociferatione in Spiritualem eorum Statum protulerunt; verum etiam Bombardas pulvere & globis oneratas is idem Centurio ad ipsos causa explosionis dirigi jussit, & se facultatem & expressum jaculandi mandatum à suo Magistratu Gedanensi habere, viva voce aliquoties ingeminavit, nec non ut dictos Rev. Patres captivos in Arrestum ad fortalicium Mindense deduceret, intulit, quod de facto effectuasset, nisi sibi iidem Patres religiosa Modestia consuluissent. Post hoc Secretarium vestrum cum minitationibus ad Actores misistis, qui quidem Rev. Patrem Schoede Professum ex odio Religionis, ex quo Conversus amplexus sit Fidem nostram Catholicam, verbis contumeliosis affecit, Seductorem ipsum proclamavit, aliasque violentias, injurias, damna, Protestationibus latius expressa malitiose intulistis, quapropter pœnas eo nomine promeritas in vos traxistis, Pro quibus decernendis & extendendis citamini ad videndum & audiendum Vos ratione præmissorum puniri, Expulsos de Jure ante omnia restitui, Actores, eorumque Ecclesiam & totum Monasterium circa præfata jura, Libertates & Privilegia, tum *circa totalem Fundum una cum Littoribus Maris & Vistulæ*, aliisque adjacentiis & pertinentiis, prout dictus Fundus ab antiquo in suis metis & limitibus extendebatur, cum omnibus eorum usibus, fructibus ac emolumentis de iisdem Fundis & piscationibus percipi solitis conservari, Ususfructus indebite stante expulsione per vos perceptos restitui mandari, in damnis litisque expensis condamnari, cæteraque pro causæ præsentis exigentia statui, decerni & sententiari. Præterea inhibemus ac serio interdicimus vobis, ne præfatos Rev. Actores in ulterius aggravare, vim aut violentiam aliquam ipsis perdente hac lite, inferre, ulteriores invasiones continuare vel quidquam innovare, *ulteriorem præfatæ Austeriæ in loco Plate ædificationem prosequi, & potabilia nec non comestibilia quævis in eadem cuicuique demum aut Viatori aut Operario domestico vendere*, ususfructus percipere, vel aliquos Proventus in iisdem Bonis Olivensibus sibi excogitare ac statuere, vel quæcunque attentata quovis prætextu, colore & ingenio committere, sub pœnis Legum in contravenientes Mandatis Nostris & aliis arbitrariis, præcipue Summa Quinque Millium Aureorum Ungaricalium Actoribus irremissibiliter solvenda & eluenda. Sitis igitur parituri & judicaliter responsuri. Datum Varsaviæ in Cancellaria Regni die prima septembris anno Domini millesimo septingentesimo vigesimo-quarto.

N°. IV.

Sentence interlocutoire entre le Couvent d'Oliva & le Magistrat de Dantzig.

Actum Varsaviæ feria quinta post Dominicam Septuagesimæ proxima die prima Mensis Februarii 1725.

Judicium Suæ Regiæ Majestatis, Partium controversiis exauditis, quoniam Actores ratione violentiæ sui expulsionis de fundis agunt, & protestationem de eadem expulsione ac violentiis sibi illatis, per se factam producunt, ac de præscripto Legum, de vi prius quam de Juribus cognoscendum est, ideo adhærendo legibus Regni, de expulsionibus sancitis, affectata per Partem citatam dilatione ad munimenta amputata, Partibus inter se experiri mandat.

In experimento, dum Pars citata à Judicio Suæ Regiæ Majestatis recederet, Judicium idem Suæ Regiæ Majestatis condemnationem ſuper eadem parte citata poſt temerarium Illius receſſum obtinere permiſit, quæ pars citata cum iterum acclamata non compareret, in Illius contumaciam decernitur reinductio, in fundos de quibus Pars Actorea expulſa eſt, alias prout dabitur ad Cancellariam, ſub pœna bannitionis perpetuæ quæ decernitur, & publicatio decernitur in inſtanti idque ſine beneficio Arreſti.

Demum ſuperveniendo Nobilis Behne, Secretarius Civitatis Gedanenſis, ſuper hanc condemnationem Arreſtum admitti poſtulavit, cujus poſtulationi Judicium annuendo idem Arreſtum imponi permiſit, uti de facto arreſtata eſt eadem condemnatio, & cauſa ad aliam Regiſtri Cadentiam rejecta cum termini conſervatione. Ita tamen, *ne pendente lite* & ſtante hac rejectione ex Arreſto, *citata pars propinationem in ſundo de qua res eſt exerceat*, & quidquam novi attentet, quod ipſi ſub pœnis convulſionis litis pendentiæ inhibet, atque piſcationem Actoreæ Parti ne in loco eodem, in cujus uſu fuit, impediat.

Nota. Cette déduction ayant été publiée en 1772, contre les écrits de la Ville de Dantzig, le Roi eſt reſté dans la poſſeſſion de l'embouchure & du Port de la Vistule, enclavé dans son territoire. Les disputes que le Magistrat de la Ville de Dantzig lui a suscitées du depuis, ne regardent pas ce port, mais plutôt le droit de passage des sujets Prussiens par la Ville & le territoire de Dantzig, que les Dantziquois voulurent mettre en contestation. C'est là-dessus qu'on trouvera, dans la suite de ce recueil, plusieurs écrits, & la transaction conclue le 22 Février 1785.

TRAITÉ

www.ingramcontent.com/pod-product-compliance
Ingram Content Group UK Ltd.
Pitfield, Milton Keynes, MK11 3LW, UK
UKHW020554180726
13838UKWH00001B/227